Jüdische Flieger im Kriege, ein Blatt der Erinnerung

Felix A. Theilhaber

Alpha Editions

This edition published in 2022

ISBN : 9789356903005

Design and Setting By
Alpha Editions
www.alphaedis.com
Email - info@alphaedis.com

Jüdische Flieger im Kriege, ein Blatt der Erinnerung

By Felix A. Theilhaber

zugeeignet.

Zur Geschichte der Juden und über ihre Anteilnahme an den großen Kriegen des vorigen Jahrhunderts erschien zu Beginn des Weltkrieges eine eingehende Untersuchung von Professor Dr. Ludwig Geiger. Den Anteil an den napoleonischen Kämpfen leitet ein Jude namens Berck ein, der unter Kosziuszko ein Freikorps errichtet und zum Chef eines Reiter-Regiments avanziert. Dieser Umstand beeinflußte den preußischen Minister Schrötter, einen unbedingten Gegner der Juden, im Jahre 1808 seinem König einen Entwurf vorzulegen, der sich also anließ:

> »Der Jude hat orientalisch-feuriges Blut und eine lebhafte Imagination. Alles Anzeichen einer männlichen Kraft, wenn sie benutzt und in Tätigkeit gesetzt wird.
>
> Er ist in der älteren und auch in der mittleren Zeit sehr tapfer gewesen und man hat selbst in ganz neuerer Zeit, sowohl im amerikanischen als französischen Revolutionskriege auffallende Beispiele von Juden gehabt, welche sich ausgezeichnet haben ...«

Eine amtliche Denkschrift der preußischen Regierung ermittelte Jahrzehnte später die Anteilnahme der Juden an den Befreiungskämpfen. Bei einzelnen Armeekorps war keine konfessionelle Erfassung der Kriegsteilnehmer mehr möglich.

»Indessen« kommt die offizielle Untersuchung nach Geiger zu diesen Schlüssen, »hat sich doch ergeben, daß beim 2., 3. und 5. Armee-Korps etwa je 40 Mann, beim 6. 60 Mann und beim 4. 80 Mann jüdischen Glaubens gedient haben, und es ist besonders angeführt, daß sie beim 2. und 3. Armeekorps *fast sämtlich* resp. größtenteils, beim 5. Armeekorps wenigstens die Hälfte, beim 4. Armeekorps unter den überhaupt 80 Mann 2 Mann als freiwillige Jäger eingetreten sind, während beim 1. Armeekorps, obschon die Listen fehlen, doch als feststehend bezeichnet wird, daß sich im Kriege *mehr freiwillige* als im Frieden gemeldet haben. Ihre Führung im Kriege wird beim 2. und 3. Armeekorps als gut bezeichnet und beim letzteren, wie beim 2. Armeekorps wird anerkannt, daß sie zum Teil *mit besonderer Auszeichnung* gedient haben, wie denn auch beim 7. Armeekorps ihnen das Zeugnis gegeben wird, sich dem Feinde gegenüber sehr brav benommen zu haben und vom Generalkommando des 1. Armeekorps angeführt ist, daß ihre im Kriege geleisteten Dienste gelobt würden.«

Die amtliche Untersuchung gibt daher in den bezeichnenden Worten Ausdruck:

»Faßt man den Inhalt dieser Ermittelungen zusammen, so darf man als erfahrungsmäßiges Resultat annehmen, daß die Juden des preußischen Heeres von den Soldaten der christlichen Bevölkerung im allgemeinen nicht erkennbar unterschieden sind, daß sie im Kriege gleich den übrigen Preußen sich bewährt.«

Ueber einzelne Heldentaten jüdischer Krieger sind bei Geiger wertvolle Dokumente gesammelt, ebenso wie Stimmen nichtjüdischer Autoren, die die Tapferkeit der jüdischen Soldaten und die vaterländische Treue der ganzen israelitischen Bevölkerung anerkennen.

Eine kleine Zahl von Juden brachte es deshalb auch zum Offizier. Ein Jude Siegmund *Plessner* aus Pleß bekam beim Abschied den Hauptmannsrang (er war später Mathematiklehrer in Erfurt), Meno *Burg* wurde sogar aktiver Major. Seine Autobiographie hat Geiger ebenfalls neu herausgegeben. Eine Reihe von Juden erhielten Auszeichnungen, Eiserne Kreuze und andere Orden. Sogar den Orden Pour-le-Mérite erhielt ein Jude, Simon *Kremser* aus Berlin. Er muß dem Heere und dem Fürsten Blücher wertvolle Dienste in schweren Zeiten erwiesen haben. Eine Jüdin Louise *Grafemus* (nach der Vossischen Zeitung vom 9. Dezember 1815) machte den Feldzug als Freiwillige mit und wurde dabei zweimal verwundet; auch sie erwarb sich das Eiserne Kreuz.

1866 und 1870 haben sich nach Geiger u. a. die Juden auf dem Schlachtfelde vollauf bewährt.

Auf diese und andere historische Tatsachen wird hier nicht eingegangen, da unsere Darstellung der heutigen Zeit gilt. Die folgenden Blätter dienen einem erstmaligen Versuch, einige Lebensläufe jüdischer Soldaten unseres Krieges zu sammeln, die Erinnerung an sie festzuhalten, an der Hand objektiver und subjektiver Dokumente ihrer Wesensheit nachzugehen und damit jenen Bestrebungen, den Juden *generell* Mannesmut, Pflichterfüllung und Selbstaufopferung abzusprechen, entgegenzutreten. Nicht nur der Kampf gegen den Antisemitismus erfordert diese Aufgabe. Die heranwachsende Generation junger Juden darf und muß von der Art der jüdischen Soldaten die volle Wahrheit erfahren, muß von Männern hören, die Seite an Seite mit ihren nichtjüdischen Kameraden Gut und Blut freudig und stolz der Staatsidee geopfert haben.

Wenn wir so Juden als Helden reklamieren, so sind wir uns bewußt, daß der Beweis nicht einfach zu erbringen ist. Der Begriff des Heldentums hat wenig objektive Merkmale. Mancher Held der Geschichte verlor durch neue Enthüllungen oder hielt den Maßstäben andrer Zeiten nicht mehr stand. Bekannt ist die Börnesche Kritik an dem Schillerschen Nationalheros Tell, dessen Tat dem Frankfurter ehemaligen Polizeibeamten aus dem Hinterhalt heraus wenig ansprechend schien. Vielleicht paßt hierher das Wort Friedrich des Großen, daß Alexander der Große ein Straßenräuber gewesen sein mag, den aber zum mindesten sein Biograph geschickt zum Helden, zum göttlichen Heros gemacht hat. Das Urteil der Umwelt, die Macht eines großen Schriftstellers kann das Verdienst vergrößern. Außerdem beeinflussen die verschiedene Beurteilung des Beschauers, die schwankende Vorstellung des Moralischen unserer Taten, der Wechsel des Maßstabes, und der ausgelösten Wirkungen den Wert und die Benennung der Dinge. Die Taten eines Götz von Berlichingen, eines Don Carlos, einer Corday, ja eines Napoleon, wechselten als heroisch im Lichte des Tages und der Geschichte. Jeanne d'Arc gilt den einen als ein hysterisches Mädchen, als Typus psychopathologischer Weiblichkeit, auf der anderen Seite wurde ihr nicht nur der Heiligenschein verliehen, sondern an ihren Namen die Gloriole des höchsten Heldentums geknüpft.

Und trotzdem begeben wir uns auf dieses schlüpfrige Parkett. Weil wir glauben, daß unbeschadet all dieser Einwände eine *Summe von Energie, selbstloser Hingabe und Todesverachtung* immer wieder Bewunderung wecken muß. Aber wo können wir diese nachweisen. Wo müssen wir sie suchen und wo können wir sie darstellen?

Leistungen Hunderttausender sinken ins Namenlose. Die nächste Umgebung übersieht sie. Die Historie erfährt nichts von dem Elan der Tapfersten, weil ihrem Vorwärtsdrängen der Erfolg ausblieb und ihnen das Glück nicht blühte, daß beredte Zeugen ihre Tat schildern — oder der Tod sie überraschte, ehe sich Wirkungen auslösen konnten. Der geerntete Ruhm erhöht das geleistete Opfer. Wer die feindliche Fahne entriß, die mit Kanonen bespickte Bastion als erster besteigt: — ist — der Held; und der Kamerad, der zehn Schritte vor ihnen als vorderster tödlich getroffen niedersinkt — ein unbeachtetes Opfer. Neben der Leistung ist das praktische Resultat und ihre Anerkennung eine Voraussetzung für das öffentliche Lob. Was alles in diesem Krieg auf Vorposten und in Patrouillen in dunkler Nacht, im Hagelschauer des Trommelfeuers, beim offenen Sturmangriff, geleistet wird, kann nicht gezählt werden. Die Welt will das Heldentum amtlich sozusagen festgestellt haben. Die Auszeichnung und die Beförderung für bewiesene Geistesgegenwart und Wagemut sind objektive Prüfsteine oder gelten wenigstens als solche. Sie nehmen der Kritik die Handhabe, an den starken Qualitäten eines Mannes zu zweifeln. Unsere Sammlung wird daran anknüpfen müssen und auf diese äußerlichen Erscheinungen einen gewissen Wert legen. Sie wird aus dem großen wechselvollen Spiel dieses Krieges eine bleibende Erinnerung schaffen, uns einen Ausschnitt bieten: das Bild jüdischer Flieger. Bei der Relativität der Werttheorie, bei dem Mangel der Statistik, verzichten wir darauf, erschöpfendes Material zu bieten. Wen die Frage des jüdischen Soldaten interessiert, dem wird dieser Ausschnitt einiges geben ....

Heldentum und Tapferkeit sind der *Ausdruck einer hochgeschraubten, individuellen Natur, sind starke, persönliche, womöglich bewußte Impulse* in Hinblick auf das Wohl der Allgemeinheit, somit für das soziale Ganze. Von jedem Soldaten wird diese restlose Hingabe verlangt und vorausgesetzt. Trotzdem gibt es Nüanzierungen, Differenzen in der Tapferkeit der Soldaten. In der Ausgabe der verschiedenen Orden und Ehrenzeichen anerkennt jede Heeresleitung ihr Vorkommen.

Nicht mit Unrecht haben Infanterieoffiziere oft bittere Klage geführt, daß ihr Opfersinn, das grauenhafte Leiden, was sie mit Heroismus ertragen, der viele der berühmten Muster, die wir in unserer Schulzeit bestaunten und bewundern mußten, übertrifft, nicht genug Anerkennung findet. Gleichwohl! Die Stellung des Linienoffiziers kann einen passiven Einschlag haben. Anthaeus fand in der Berührung mit der Erde stetig neue Kraft. In der Masse entwickelt mancher Infanterist sein Talent, fast jeder stärkt an der Umwelt seine Triebe und wächst im Bewußtsein des Siegeswillens der Nachbarn.

Die Welt des *Fliegers* ist eine abgeschlossene. Auf sich selbst ist der Flieger angewiesen; von seiner Umsicht hängt das eigene Schicksal ab; nirgends ist der Zufall auf die Dauer so ausgeschaltet wie beim Fliegerkampf. Die Tat des Fliegers ist eine individuell-aktive, die Einflüsse der Außenwelt sind stärker reduziert, die Erfolge persönlicher, sichtbarer. Das soll das Leben des Liniensoldaten nicht herabsetzen; uns gilt es eine Waffe zu sichern, bei der die Zahl der Mitläufer, der Helden aus dem Augenblick, aus dem eisernen Muß heraus auf ein Minimum beschränkt wird, wo tatsächlich das klare Bewußtsein und das Vollgefühl der eigenen Tat als Voraussetzung gelten dürfen. Und noch an eines möchten wir erinnern. Der Dienst bei der Fliegertruppe ist ein freigewählter, das Menschenmaterial ein ausgesuchtes. Ein Volk von physisch minderwertigen Elementen stellt kein starkes Kontingent von tüchtigen Fliegern.

Aus solchen Gesichtspunkten heraus erschien die Darstellung des jüdischen Einschlags an dem Ruhmesblatt der Fliegerwaffe berechtigt. Erinnerungen an das Wirken von Juden bei anderen Waffengattungen sollen folgen. Auf allen Kriegsplätzen sind Judengräber geschaufelt. Tausende und Abertausende haben für Deutschland geblutet und selbst dort, wo man von Juden keine Ausstrahlungen ihres Mutes erwarten konnte, stoßen wir auf wundersame Beispiele. Wer hätte an ihre Mitwirkung an den Taten der Flotte gedacht? Aus dem Material ihres Wirkens auf U-Booten und der Hochseeflotte darf vielleicht ein Dokument Zeugnis ablegen. Es ist dies der Brief des Prinzen von Hohenzollern (datiert: Malta, den 1. März 1915) an die Angehörigen des Matrosen Levi (zitiert nach dem Hamburger »Israelitischen Familienblatt«).

Der Brief lautet:

»In dem Gefecht bei der Kokosinsel, wo die Tätigkeit der »Emden« ihr Ende fand, starb auch den Heldentod fürs Vaterland der Matrose Levi. Ich bin vom Kommandanten des Schiffes, Herrn Fregattenkapitän von Müller beauftragt, Ihnen zu dem schweren Verlust, sein herzlichstes und wärmstes Beileid auszusprechen. Auch im Namen der übrigen Offiziere, Deckoffiziere, Unteroffiziere und Mannschaften der »Emden« und ebenfalls für mich persönlich versichere ich Sie unserer aufrichtigsten Teilnahme. Wir alle bedauern mit Ihnen den so frühzeitigen Tod des tapferen Heimgegangenen, dessen junges Leben zu den schönsten Hoffnungen berechtigte und der durch seinen großen Diensteifer und sein kameradschaftliches Wesen bei Vorgesetzten und Kameraden gleich beliebt war. Im Endgefecht der »Emden« hat er auf seiner Gefechtsstation als Geschützmatrose sein Bestes getan und tapfer ausgehalten bis ihm eine englische Granate einen kurzen und schmerzlosen Tod bereitete. Im Herzen der Ueberlebenden von Sr. Majestät Schiff »Emden« wird das Andenken an den tapferen und beliebten Kameraden alle Zeit unvergessen bleiben.«

Ein Antisemit hat bekanntlich im Reichstage sich einen Zwischenruf gestattet, der wohl nur eine rhetorische Frage darstellte: »Zeigen Sie mir doch einmal einen jüdischen Flieger!« Ich weiß nicht, ob er eine Antwort darauf bekam. Tatsache ist, daß viele Leute glauben, es gäbe keine jüdischen Flieger, weil ....

Selbst die Juden wissen nichts von den jüdischen Fliegern und ahnen nicht deren Bedeutung. Täglich lesen wir irgendwo von tapfren Bayern, oder sogar von *den* tapfren Bayern — als ob jeder Bayer ein zweiter Schmied von Kochel wäre — von dem erprobten schlesischen Landsturm, dem zähen Märker, den braven Ostpreußen. Und wenn ich jetzt in der Zeit des Burgfriedens, noch mitten im Krieg, wo eigentlich jeder sich von den Tatsachen überzeugen könnte, etwas von den Juden in der allgemeinen Presse lese, dann steht es in der verbreiteten »Täglichen Rundschau« oder in der »Deutschen Tageszeitung« und liest sich wahrlich nicht zu unseren Gunsten. Jede Stadt, jede Volksschicht, ja selbst kaufmännisch-technische Unternehmungen, Straßenbahnen oder Kabelwerke, Handlungsgehilfenvereine und Studentenkorporationen feiern ihre Toten und weisen — obgleich es niemand je anzweifeln würde — auf ihre schweren Opfer und ihre vielen im Felde stehenden Anhänger, Mitglieder und Freunde hin.

Von den mutigen Juden scheint kein Wort, kein Lied jetzt und später zu klingen. Der jüdische Dichter Lissauer hat dazu keine Zeit, er muß die Wiederkehr von Luthers Geburtstag besingen. Und wo wir anläßlich der famosen Judenzählung auf Fürsprache stießen, da fanden wir Redensarten, allgemeine Phrasen, appellierend an unser Recht oder allgemeine Hinweise auf schwere Opfer, die der Gutgläubige akzeptierte und der Altdeutsche skeptisch bezweifelte.

Und doch könnten wir reichhaltiges Material bieten, das den Opfermut unserer jüdischen Soldaten scharf umreißt, Beispiele davon geben, daß auch wir Männer sind, die in nichts denen anderer Stämme Deutschlands nachstehen. Wenn wir das Verdienst der jungen Juden an die Oeffentlichkeit bringen, dann folgen wir nur dem Beispiel der allgemeinen Presse, dem System der Heldentafeln, wir mehren zwar unseren eigenen Ruhm, kommen aber nur der historischen Gerechtigkeit nach, indem wir der Helden gedenken, die ihr junges Leben freudig für uns alle dahingegeben haben. Ob ihr Name fortleben darf und das Gedächtnis ihrer Taten aufgezeichnet werden soll, darüber eine Debatte zu eröffnen, erscheint mir mehr als überflüssig. Neben deren Größe verliert die Anschuldigung an Boden, als ob die jüdische Jugend sich nur aus »Muß«-, »Auch«- oder gar »Nicht«-Soldaten zusammensetze.

Einen guten Ausschnitt liefert der Beitrag »jüdische Flieger«. Im Felde ist es schwer, sich als Privatmann einen guten Ueberblick über die ruhmvolle Beteiligung der Juden an dieser Waffe zu verschaffen. Meine Sammlung ist deshalb nur ein Torso, der aber doch schon eine gewisse Orientierung gestattet und vor allem die Erinnerung an einige Juden festhält, deren Namen nicht klanglos zu ersterben brauchen.

Im Gewühl des Weltenbrandes ist die Erfüllung dieser Aufgabe nicht ganz einfach, um so mehr, als die Abfassung dieses Buches in die Kämpfe der Frühjahrsoffensive des Jahres 1918 fiel, in eine Zeit, in der ein Truppenarzt eines Regiments unter Tausend Widrigkeiten nur in Eile das Material, das sonst zerflatterte, zu Papier bringen konnte. Der Leser wird daher den Mängeln der Arbeit nachsichtig sein!

Horch, in Lüften kreist,

Unser Denkergeist.

Immer höher, immer schneller,

Trommeln, wirbeln die Motoren und Propeller ...

Den, der dieses gesungen, nahm der Tod aus reichem dichterischen Schaffen auf dem Schlachtfeld vor Soissons, am 8. Februar 1915 und seine dankbare Heimat schuf ein Denkmal an sein Wirken an der ewig-brandenden Ostsee, an den jungen Walther *Heymann*; zu früh traf ihn die feindliche Kugel, als daß er noch selbst hätte Flieger werden können. Aber nach ihm kamen Söhne seiner Rasse, die Jünger des Merkur, all die, die vordem auf dem Kontorsessel gethront hatten, mit Maß und Elle hantiert oder den Böcken in den Kontobüchern nachgejagt hatten, tauschten ihren Beruf ein und saßen am Motor und Maschinengewehr, vergaßen die geblümten und getipfelten Kattuns, Aktien und Kupons und wurden Genossen der Abkömmlinge, die seit Geschlechtern in der Jagd, in der Körperkultur und im Militär Lebensberuf oder Lebensfreude gefunden hatten.

Nicht immer ging diese Metamorphose leicht vor sich: manch einer zahlte schon sein Leben, ehe er den Flugplatz verließ.

Gedenken wir zuerst einiger Toten, denen nur eine kurze Fliegerlaufbahn beschieden war. Einer der ersten von diesen war der Leutnant d. Reserve Josef *Zürndorfer* aus Rexingen, vor dem Kriege Kaufmann in Bochum. Er hatte 1910 seiner Dienstzeit beim 6. württembergischen Inf.-Reg. als Einjähriger Genüge geleistet und rückte mit dem 154. Inf.-Reg. ins Feld, wo er als einer der Ersten das »Eiserne« und die Württembergische Verdienstmedaille erhielt, sowie zum Offizier-Stellvertreter aufrückte. Bei Combres, während eines Sturmangriffes verwundet, meldete er sich, kaum genesen, zu den Fliegern. In einem Briefe nach Hause jubelte er laut: »Meine Wünsche sind erfüllt, ich habe ein glückliches Los gezogen«. Frühzeitig erliegt er einem Unfall.

J. Zürndorfer

»Ich bin als Deutscher ins Feld gezogen, um mein bedrängtes Vaterland zu schützen. Aber auch als Jude, um die volle Gleichberechtigung meiner Glaubensbrüder zu erstreiten«, heißt sein Bekenntnis in seinem Testament.

Ebenso verunglückte der Kriegsfreiwillige Jakob *Lichtenstein* bei der Fliegerabteilung Elsenmühle. Lichtenstein stammte aus Neustadt bei Pinne.

In Gotha stürzte der Sohn des Stuttgarter Buchhändlers Karl Levi, der 21jährige Eugen *Levi* ab. Ein elsässischer Jude Martin *Bloch* aus Markirch erlitt 1916 dasselbe Geschick.

Dasselbe Los fand ein ausländischer Jude, der — wie viele andere — die Sympathien für Deutschland mit dem Leben büßte.

Der Flugzeugführer Arthur *Chasanowicz* (im Jahre 1892 geboren) studierte auf der Technischen Hochschule in Charlottenburg, wo er auch sein Diplom-Ingenieur-Examen ablegte. Bei Ausbruch des Krieges meldete er sich, *obwohl er Russe war* — sein Vater stammt aus Grodno, — freiwillig als Motorradfahrer bei verschiedenen Truppen, wurde aber abgewiesen, da er herzkrank sei. Er ließ sich in der Kgl. Charité in Berlin daraufhin untersuchen und hierbei wurde festgestellt, daß zwar eine beträchtliche Herzneurose aber kein ausgeprägter Herzfehler vorliege. Daraufhin meldete er sich nochmals bei der Fliegerabteilung in Adlershof-Johannisthal; er wurde zum 1. Februar 1915 eingestellt. Zuerst wurde er als Infanterist in Alt-Glienicke bei Adlershof ausgebildet. Auf der Fliegerschule in Johannisthal machte er seine Pilotenexamen und wurde dann als Flugzeugführer zur Art.-Beobachterschule nach Jüterbog, Altes Lager, abkommandiert. Von dort aus unternahm er größere Ueberlandflüge. Auf einem solchen Fluge verunglückte er am 26. September 1915 beim Aufstieg auf dem Flugplatz in Breslau (Gandau) und starb im dortigen Lazarett am 1. Oktober 1915. Ueber diese Fahrt gibt sein letzter Brief vom 25. September 1915 näheren Aufschluß. Die Beerdigung nach erfolgter Ueberführung nach Berlin war am 5. Oktober 1915 in Weißensee.

Arthur Chasanowicz

Breslau, den 25. August 1915.

Liebe Eltern!

Nach einer durch wunderschönes Wetter begünstigten Fahrt von vier Stunden bin ich glücklich in Breslau angekommen. Eine solch schöne Fahrt habe ich noch nie gemacht, denn heute konnte ich recht die Freuden des Luftsportes kennen lernen. Ich flog über den Spreewald, über die Schlesische Seenplatte und die großen schlesischen Städte, die sich endlos an den

Chausseen entlangziehen. Doch den schönsten Anblick genoß ich, als sich am Himmel, immer deutlicher werdend, das Riesengebirge dunkelblau schimmernd vom hellblauen Himmel abhob. Hoch hinaus ragte die Schneekoppe, der ich zu gern einen Besuch in der Luft abgestattet hätte. Wunderschön kam dann hinter dem Riesengebirge das Glatzer Bergland und die Böhmischen Höhenrücken hervor, so daß ich das schönste Panorama genoß. Als ich die Oder erreichte, auf der die Schiffe wie kleine Punkte aussahen, wurde es zwar schlechtes Wetter, doch kam ich glücklich in Breslau an. Wenn auch der Flug etwas anstrengend war, so war er doch der schönste, den ich bis jetzt gemacht habe. Ich habe einen Leutnant mit, der gerade nicht allzu nett ist, aber das stört mich nicht. Er kam nämlich auf diese Weise per Flugzeug zu seiner Großmutter zu Besuch, um ihr zu ihrem heutigen 75. Geburtstage zu gratulieren. Er wird sich sicherlich schon genug dort aufgeblasen haben, was er alles kann; sich sein Flugzeug anspannen lassen und dann »Kutscher auf, nach Breslau geflogen« ...

Den zweiten Genuß bot mir nun die Stadt Breslau. Ja, wenn ich nun hier längere Zeit bleiben könnte, um das alles in mich aufzunehmen, was die Stadt architektonisch bietet, und was ich jetzt erst richtig verstehen und schätzen kann, dann würde ich unendlich viel lernen. Vielleicht, daß ich bitte, mich für einige Wochen nach Breslau zu versetzen. So konnte ich nur alte Erinnerungen auffrischen und konstatieren, daß ich recht viel behalten habe, so daß ich sogar die Straßen und die Lage der einzelnen Gebäude noch wußte. Hier merkt man auch sehr wenig vom Krieg. Die Leute bummeln auf den Hauptstraßen wie auf der Tauentzien, und auch ich werde mir heute Abend den Rummel ansehen. Ich wohne direkt fürstlich gegenüber einem Soldatenquartier in dem feinsten Hotel, in einem Damensalon mit Waschtoilette, Frisierspiegel und Toilette, Spiegelschrank und noch ein paar Spiegel, Damenschreibtisch mit zierlichen Möbeln, elegantes Bett mit wundervollen Gobelin-Dekorationen darüber und lauter feine Sachen, natürlich elektrisch, Telefon, Bad, das ganze Zimmer mit Friesteppich ausgelegt, also wie ein Fürst und das ganze auf Rechnung meines Leutnants, als Kutscherlohn für die Reise. Morgen früh geht es nach Dresden weiter und werde dort den Sonntag über bleiben. Vor allem danke ich für das Paket und die »süßen« Wollsachen, die leider schon alle sind.

Nun seid alle vielmals gegrüßt und geküßt von Eurem

Arthur

Königl. Luftkutscher.

Während der Ausbildung, z. T. auch schon vor dem Feinde, fanden folgende Flieger den Tod:

Aus Berlin der Referendar Dr. August *Moser* (Sohn des Kommerzienrat Moser), der im Besitz des »Eisernen Kreuzes« I. Klasse war, stud. med. Fritz *Mecklenburg*, Mitglied des akademisch medizinisch-naturwissenschaftlichen Vereins, Bruder des H. Gustav M., Berlin, Friedrichstr. 227. Mecklenburg hatte es als Jude beim Dragoner-Regiment 26 zum Reserveoffizier gebracht. Mecklenburg ist mit mehreren anderen jüdischen Fliegern im Herbst 1917 in Weißensee beigesetzt.

Aus Köln stammte der Leutnant *Falk*, dessen Vater der Stadtrat und Major Falk ist; Falk stand bei einer bayerischen Fliegertruppe; aus Hannover kam der Unteroffizier *Cassel*; aus Dresden der Leutnant Fritz *Gerstle*. Gerstle hat, wie mir seine Mutter die Freundlichkeit hatte mitzuteilen, sich taufen lassen, um anscheinend besser Karriere zu machen, bereute aber diesen Schritt und trat bald wieder aus der christlichen Religionsgemeinschaft aus. Gerstle war, wie so mancher andere jüdische Flieger, vor dem Kriege Student der Medizin gewesen. In seiner Zugehörigkeit zum Judentum nicht sicher gestellt, ist der verunglückte Kriegsfreiwillige Dr. Alexander *Lippmann* von der Fliegertruppe Dresden-Kaditz, vor dem Krieg Geschäftsführer der Gesellschaft zur Gründung eines Observatoriums in Oberhof.

Tödlich verunglückt ist ferner der Flieger *Hemmerdinger*, der ursprünglich einem Infanterie-Regiment 28 angehörte, nähere Personalien fehlen über den in den K. C. Blättern von Dr. Mainzer angeführten *Perlhöfter*. Gestorben ist während der Ausbildung bei der Feldfliegerabteilung Bromberg, der 19jährige Georg *Hecht*. Seine Familie lebt in Charlottenburg.

Ueber die Tätigkeit einer Reihe anderer Flieger liegt uns keine nähere Mitteilung vor. Wir nennen, soweit sie uns bekannt wurden: Leutnant Kurt *Lämmle* (in einem bayerischen Fliegerbataillon, Patent vom 1. Mai 1915), Leutnant *Aronheim*, Leutnant und Flugzeugführer Siegfried *Wittkowsky*, Sohn des H. Leopold W. aus Ansbach, Leutnant Kurt *Königsberger* (Sohn des Herrn Karl Königsberger aus Fürth); Leutnant *Mayer* früher bei dem 1. bayr. Fuß-Artill.-Reg., sodann bei einer bayerischen Fliegerformation, Leutnant Alex *Wetzlar* (nach Mitteilung des »Jüd. Echo«).

Aus Frankfurt a. M. stammen: Leutnant d. R. *Fritz Haas* und die Brüder *Adolf* und *Otto Neumann*. Dieser Fall, daß Brüder bei der Flugzeugwaffe dienen, ist keine Ausnahme. Aus Hannover kommen die Brüder Block. *Hans Block*, Leutn. d. Res. (Alter Herr des K. C.), wohnte vor dem Krieg in Köln, sein Bruder ist der Unteroffizier und Flugzeugführer *Fritz Block*; aus Freiburg die Gebrüder *Rosin*. Von Fliegern, die es als Juden zum Offizier brachten, seien ferner erwähnt: Leutnant d. R. *Leopold* und Leutnant d. R. Alfred *Kann*, Rechtsanwalt in Zempelburg, früher beim 34. Inf.-Regiment.

Der nichtjüdische Reserveoffizier, der vor dem Kriege das Offizierspatent erhielt, hat sich diese Beförderung durch seine anscheinende Eignung als tapferer Soldat erwirkt. Der Jude, der im Frieden bei keiner preußischen Formation in das Offizierkorps aufsteigen konnte, hat sich sein Avancement infolgedessen durchweg als Soldat vor dem Feinde erkämpft. Darin liegt ein offenkundiger Beweis seines Mutes, wie seiner übrigen Fähigkeit. Statistiken ergeben bis zum Frühjahr 1918 etwa 2000 jüdische Offiziers-Beförderungen, während naturgemäß mindestens ebensoviel von jüdischen Einjährigen vorher gefallen oder so schwer verwundet wurden, daß sie ausschieden. Außerdem waren noch Tausende durch widrige Umstände, Krankheiten, Versetzungen usw., an der Beförderung behindert, Hunderte litten unter dem schwer überwindbaren Vorurteil, das Jahrzehnte hindurch als feststehendes Dogma von allen preußischen Offizierkorps restlos gepflegt und gehegt, nicht urplötzlich aus den Vorstellungen und Erinnerungen der Vorgesetzten schwinden konnte. Dazu kam, daß die Identifizierung der Juden als einheitliche Masse, der notorische Minderwert einzelner — den wir übrigens in allen Volksschichten treffen — die Leistungen und Fähigkeiten der geeigneten Juden ungünstig beeinflußte. Einer Gemeinschaft, die ihr Leben vorweg in den Büros der Großstädte zubrachte, die körperlich von zu Hause wenig entwickelt, in ihren Berufen wenig mit schwerer physischer Arbeit zu tun hatte, mußte es schwer fallen, die Arbeiten, welche der Schützengrabenkrieg erforderte, zu lösen, der einfache Soldat war hier nicht vor allem im offenen Kampfe mit dem Feind, wo er seinen Mut zeigen konnte, sondern er hatte zu graben und zu schaufeln, Lasten und schwere Tornister zu tragen, Hunger und Kälte auszuhalten. Jeder einfache Bauarbeiter beschämte den Bankprokuristen täglich und stündlich. Daß energielose, schwächliche jüdische Kaufleute um so stärker aus dem Rahmen fielen, ist kein Wunder. Wenn der jüdische Soldat trotzdem vielen als wenig vorbildlich erscheint, so stammt das Urteil daher, daß *ein* krummer jüdischer Soldat mehr schlecht macht als ein Dutzend vorzüglicher gut machen können. Ein unfähiger nichtjüdischer Soldat fällt nicht auf. Wenn aber Cohn oder Levi schlapp ist, heißt es im Urteil der Vorgesetzten und Kameraden: »Der Jude ist schlapp«, seine Unfähigkeit schädigt sozusagen den Ruf des jüdischen Soldaten im allgemeinen.

Beispiele für die Wahrheit dieser Dinge gibt es genügend. Für die Beurteilung des jüdischen Soldaten wirkt ferner ungünstig, daß bei vielen prächtigen jüdischen Erscheinungen die Umwelt oft nicht weiß, daß sie Juden sind, oder sie eo ipso als Ausnahmen betrachtet, während der Unglückswurm H. oder Y. als Muster erkannt und deklariert wird. So erlebte ich selbst, daß von dem ersten Träger des Eisernen Kreuzes 1. Klasse unter den Mannschaften meines Regiments des Vizef. Gotthold Sender *bei seiner Offizierswahl die Mehrzahl der Offiziere* annahmen, daß Sender Nichtjude sei und daß bis zu seinem Tode wenige Kameraden über seine Zugehörigkeit zum Judentum unterrichtet waren.

Die Juden betragen knapp ein Prozent der Bevölkerung und sind somit nur in ein bis zwei Exemplaren in den Kompagnien anzutreffen. Ist der Jude, der oft im Frieden als untauglich nach Hause geschickt wurde, kein besonders günstiger Repräsentant der jüdischen Gemeinschaft, dann verstärkt er bei 100 bis 200 Leuten das mißfällige Urteil über die Juden. Im anderen Falle wird über seine jüdische Abstammung stillschweigend hinweggesehen, der weiße Rabe gibt keine Veranlassung das verallgemeinernde Urteil zu ratifizieren. Schopenhauer sagt einmal in seinen »Aphorismen zur Lebensweisheit«: »Die menschliche Beschränktheit, Verkehrtheit und Schlechtigkeit erscheint in jedem Lande in einer anderen Form und diese nennt man den Nationalcharakter. Jede Natur spottet über die andere und alle haben Recht«. Die Bemerkung hat einen richtigen Kern. Der konservative Offizier entrüstet sich leicht über den sozialistischen Städter und neigt dazu, ihnen weniger Vaterlandsliebe zuzutrauen. Der evangelische Orthodoxe traut dem orthodoxen Zentrumsmann nicht allzusehr. Von der Ueberhebung der Franzosen, Engländer, Italiener, der vielen anderen Völker gegenüber dem Deutschen können wir das eine ersehen, wie leicht es ist, ein Volk als minderwertig hinzustellen, wie rasch unwahre Auswürfe über eine Masse, die nicht sofort die Macht hat, sich derlei Lügen zu verbitten, nachwirken. Die Verleumdungen der Antisemiten haben daher, wiewohl der größte Teil sich nachträglich als haltlos erwies, doch nach dem bekannten Satz Erfolg: »Verleumde fest drauf los, ein Manko bleibt immer an dem Verleumdeten hängen«, gewirkt. Noch immer bringt man dem Juden Mißtrauen entgegen. Viele jüdische Soldaten haben dagegen gekämpft und haben trotz mannigfacher Beweise ihrer soldatischen Fähigkeiten das Vorurteil nicht überwinden können. Einzelne ließen sich, wie wir sehen werden sogar taufen, um diesem Vorurteil zu entgehen!

Protektion, Zufall oder Friedenstüchtigkeit, waren also keine Faktoren, die der Beförderung jüdischer Offiziere zu Hilfe kamen. Restlos war es ihre Bewährung im Felde und vor dem Feinde. Die ganze jüdische Bevölkerung Deutschlands beträgt 500 000 Seelen (die Ausländer abgerechnet). Ein Teil davon ist naturgemäß nur die männliche Bevölkerung im militärpflichtigen Alter und hiervon ein Bruchteil wiederum hat die Einjährigen-Berechtigung. Darnach ist die Zahl der jüdischen Offiziere (ohne die Sanitätsoffiziere) wohl entsprechend. Das ist ein Beitrag für ihre Bewährung, ein anderer, daß wie das »Hamburger Israelitische Familienblatt« in den 4 Jahren aufzeichnen konnte, hunderte Eiserne Kreuze I. Klasse an schlichte jüdische Soldaten verliehen wurden. Otto Flake spielt in seinem Logbuche über mißliebige Deutsche im Ausland: »Es ist nutzlos über diese Art Landsleute hinwegzusehen; sie ist darum doch noch immer in der Welt.« Ueber die wenig erfreulichen Exemplare der Judenheit haben die Reden im Reichstag, im Herrenhaus und in den Zeitungen genug gestanden. Diese Exemplare lassen sich nicht wegexemplizieren. Aber die Tausende, die auf den weiten

Fronten ein frühes Grab gefunden oder zu Krüppeln geschossen wurden, die Zehntausende, die begeistert als Kriegsfreiwillige sich gestellt haben, die nicht unbeträchtliche Zahl der Offiziere und die Träger der Eisernen Kreuze erster und zweiter Klasse auch nicht. Sie müssen jeden Vorstoß gegen die Anteilnahme der Juden im Kriege, die verallgemeinernd absprechend ist, zugleich als eine Gefahr empfinden, die ihr Verdienst herabsetzt. In einer Zeit, wo allerlei zweifelhafte Elemente ihrem Ich auf Kosten der Nebenmenschen rücksichtslos huldigen, wo der Eigennutz einzelner in allen Bevölkerungsschichten kraß zutage tritt, wirkt jede judengegnerische Behauptung direkt lächerlich und selbst überhebend. Denn die Tatsache, daß altgediente Berufssoldaten sich zu Hause oder in der Etappe herumzudrücken verstanden, darf ebensowenig auf alle ausgedehnt werden wie die, daß Juden, die bisher nicht gedient hatten, die im Heere in den langen Friedensjahren einer starken Zurücksetzung begegneten, eine starke Zuneigung zu Schreiberposten faßten. Es wäre ein Wunder, wenn es anders wäre, wenn auf einmal die deutschen Juden *nur* Helden aufzuweisen hätten. Wer aber die großen Verdienste und die starke Anteilnahme der jüdischen Jungens an dem Kriege bestreitet, der betreibt eine Verleumdungspolitik, über die wir angesichts der Tatsachen zur Tagesordnung übergehen können ....

So sind unter den Fliegern nicht nur die geistigen Juden aus den berühmten guten Häusern, die zur modernen Waffe streben, sondern ganz einfache schlichte Jungens, aus dem breiten Volke, denen wir im Fliegerdienst begegnen. Es handelt sich also nicht um wenige Ausnahmefälle, daß Juden zur Fliegerei übergingen.

Die israelitische Erziehungsanstalt Dahlem, welche ihre Zöglinge vor allem der Bodenkultur und dem Handwerk zuführt, kann allein auf zwei Flieger hinweisen. Der eine ist ein Flieger Paul *Goldmann*. Der zweite, Edgar *Hirsch*, im Frieden Elektro-Monteur in Walsrode i. d. Heide, trat gleich bei der Fliegerwaffe ein. Er erhielt am 28. August 1915 bei Arras einen Schuß, der ihn zum Niedergehen zwang, wobei er sich ernstlich verletzte. Hirsch hatte infolge nebeligen Wetters tief herabgehen müssen, um seinen Auftrag durchzuführen. Hirsch ist ein Beispiel dafür, daß wir schlichte Jungens haben, die technisch und physisch ihren Platz ausfüllen.

Eine glückliche Synthese dieser Art verkörpert der Flugobermaat *Rund* aus Gleiwitz. Bei Ausbruch des Krieges in Amerika lebend, weiß sich Rund auf kühne Weise als »Amerikaner« nach Deutschland durchzuschlagen und tritt dann als Marineflieger bei der Wasserflugstation in Seebrügge ein. Ueber seine Fahrt brachte die deutsche Presse (»Hamburger Fremdenblatt« u. a.) ein längeres Feuilleton. In Seebrügge tat er zwei Jahre seinen Dienst, wurde Inhaber des Fliegerabzeichens u. a. Auszeichnungen. In einem Korpstagesbefehl I a, Nr. 31 von 1916, heißt es:

Anerkennung!

... ebenso zolle ich meinen Dank und hohes Lob dem Leutnant zur See B., den Flugmeistern K. und J. und dem Flugobermaaten Rund für den kühnen Angriffsflug am 23. Januar 1916 auf die Luftschiffhallen in Hongham.

gez. v. Schröder.

Die Richtigkeit obiger Anerkennung bescheinigt: Fabr.-Oberltn.

Rund ist später in engl. Gefangenschaft geraten. Der Schauspieler Moissi, von Geburt italienischer Staatsbürger, ist übrigens gleichfalls auf einem Fluge gefangen genommen worden.

Eine Reihe weiterer jüdischer Soldaten wurden mir im Flugwesen angegeben: Ein Flieger Fritz *Koppel*, Hans *Rothschild*-Göppingen, Erich *Lewy*, Kriegsfreiwilliger, Unteroffizier, Sohn des Direktors Hugo Lewy-Berlin, Otto *Cohn* aus Fraustadt, Adolf *Fechenbach* aus Eilenburg, Berthold *Krämer*-Osterode (gestorben), Flugzeugführer Karl *Fromm* (A. H. der Viadrina), Flieger *Haußdorf*, Bordfunker aus Berlin; Flugzeugführer Gefr. *Hermann Schmidt* aus Stuttgart, Flugmaat Ernst *Steinitz*, Fluglehrer bei einer Flug-See-Station, Gefr. *Unger*, Berthold *Gutmann* (Bavariae, K. C. Verbindung) und Flugzeugobermaat *Rosenberger* (Viadrina im selben Verband).

Lilienthal-Berlin, Neffe des Syndikus der jüdischen Gemeinde;

Unteroffizier *Maier*, Sohn des Großh. Bezirkstierarztes Dr., Konstanz, Luftschiffer;

Flieger Hugo *Kaplan*, Berlin, Brunnenstraße 181;

Flieger *Warschauer*, Sohn des Archivrates in Danzig,

Vizfw. Bruno *Offenbacher*, Sohn des Fabrikbesitzers O. in Fürth, Flugzeugführer.

Flieger Albert *Bär*, stud. med. aus Windsbach in Bayern;

Flieger Siegfried *Nossek*.

Fluglehrer und Flugdienstleiter war vom April 1917-1918 in Köslin, jetzt in Schneidemühl, Erich *Oswald*, der bereits August 1914 als Kriegsfreiwilliger bei der Fliegertruppe eingetreten ist und später als Beobachtungsflieger auf mehreren Kriegsschauplätzen verschiedene Ehrungen u. a. auch das Fliegerabzeichen sich erwarb. Von den übrigen Fliegern ist mir nichts Näheres bekannt geworden. Es ist z. Z. nicht möglich, das Schicksal jedes einzelnen zu erforschen und zu prüfen, ob unter den aufgeführten der eine oder andere aus der Zusammenstellung auszuscheiden hat. Hoffentlich ist es bei einer Neuauflage möglich, völlig genaue Angaben hier zu bieten. Der

Verlag dieses Buches ist gern erbötig, alle Hinweise für uns zu sammeln, damit später einmal nach dem Krieg eine möglichst restlose Darstellung gegeben werden kann.

Der jüdische Lyriker Arthur Silbergleit hat einmal ein kleines Fliegerlied gedichtet, das launig endet:

»Wir schweben sanft aus unsrer Welt,

Der tollsten Abenteuer,

Ein jedes Fliegerherz ein Held,

Am Motor und am Steuer ...«

Diese Behauptung gilt — wie gesagt — cum grano salis. Aber wer für Leistungen da oben, wo es fürchterlich sein kann, sein Eisernes Kreuz I. Klasse abbekommen hat, hat es sich ehrlich »ersessen«. Wie manche Auszeichnung fällt sie oft Offizieren zu, die bei den hohen Stäben Intelligenz und treueste Pflichterfüllung als Aequivalent aufwiesen; der Dienst bei der Flugzeugwaffe erfordert eiserne Energie und täglichen Todesopfermut! Da es bekanntlich keine jüdischen aktiven Offiziere gibt und nur in Bayern vor dem Kriege Reserveoffiziere angetroffen wurden, *gibt es keine bei höheren Stäben sitzenden jüdischen Offiziere.* Die jüdischen Träger des »Eisernen Kreuzes« haben sich diese Auszeichnung redlich und mühselig im Feuerregen geholt, keine Anciennität, kein Schatten eines höheren wohlwollenden Vorgesetzten, keinerlei Beziehung hat ihnen diese Auszeichnung eingebracht. In der vordersten Linie hat er viel erkämpft nach Schillers Spruch »und setzet Ihr nicht das Leben ein«, ein Spruch der neben dem Grabenoffizier vor allem dem Flieger gilt. Wenn also allein Dutzende von »Eiserner erster« von Juden erflogen wurden, dann ist das wohl nicht der letzte Beweis ihrer Ertüchtigung. Nennen wir hier einige: Den Fliegerleutnant Richard *Scheuer* aus Mainz, den Fliegerleutnant Hermann *Back*, Sohn des Snichower Rabbiners Dr. S. Bach (jetzt in Prag). Vor dem Kriege war Back Prokurist der Firma Orosdi-Back, Konstantinopel. Die Schreibfeder und den Kontorsessel beherrschte ehedem der Beamte der Dresdner Bank Martin Jacobowitz, Sohn des Kaufmanns Hermann *Jacobowitz* in Breslau. Im Frühjahr erkämpfte der Vizefeldwebel Jacobowitz das »E. K. I.« in Mazedonien in einem heißen und erbitterten Ringen in der Luft, J. war in den ersten Mobilmachungstagen als Kriegsfreiwilliger beim Leib-Kürass.-Reg. schles. Nr. 1, eingetreten. Eine schwere Verwundung machte die Absetzung des einen Beines nötig, so daß J. jetzt Kriegsinvalide ist. Ein Landmann von ihm ist der Unteroffizier *Hans Lustig*, Sohn des Simon Lustig aus Radzionkau in Oberschlesien, der neben dem Eisernen Kreuz das Fliegerabzeichen besitzt. Als Flugzeugführer erwarben sich das Eiserne

»erster« der Vizefeldwebel *Kurt H. Weil*, Sohn des Lehrers B. Weil in Kirn an der Nahe und der Unteroffizier Siegfried *Heimann*, der Sohn der Witwe Clotilde H. in Oberdorf-Bopfingen. Reich dekoriert sah einer meiner Gewährsleute einen bayrischen Fliegerleutnant *Marx*, der in Oesterreich wohnhaft war, auf Albatros oder L.V.G.-Doppeldecker als Flugzeugführer (zuerst als Vizefeldwebel) fliegen. »Er kam von der Fliegerschule Schleißheim bei München, mit ihm wurde ein jüdischer Unteroffizier ausgebildet, dessen Name nicht in Erfahrung zu bringen war«. Marx ist vermutlich identisch mit dem jüdischen Fliegerleutnant Adolf Marx der 5. bayerischen Feldfliegerabteilung. — Hierher gehört auch der Sohn des Zigarrenfabrikanten L. Wolff in Hamburg, der Ltn. d. Res. *Wolff*. — Auch die folgenden sind Ritter des E. K. I.

Ein Frankfurter ist der Flugzeugführer Edgar *Rosenbaum* (Sohn des Alex Rosenbaum), Fliegerschütze der Vizefeldwebel Alfred *Regensburger*, Sohn des Fabrikbesitzers Max R. in Fürth. Der Fliegerleutnant Paul *Stadthagen* aus Berlin, ist der Sohn des verstorbenen Justizrats Stadthagen. Bei der Fliegerabteilung steht ein jüdischer Oberleutnant *Fränkel*; die Nummer des »Hamburger Fremden-Blattes« vom 13. 12. 17 bringt das Bild des Fliegerltn. *Rüdenberg* aus Hannover. Vom Frieden her Flieger ist der Leutnant Willy *Rosenstein* aus Gotha, früher Fluglehrer in Gotha und Johannisthal, jetzt bei der Feldfliegerabteilung. Bei den Feldluftschifferabteilungen sind eine Reihe weiterer Träger des Eisernen Kreuzes I. Klasse, unter ihnen bei der Abteilung der Weilburger Kaufmann Berthold *Jessel*, der Referendar aus Berlin K. Rudolf *Cohn* und der Kaufmann Hermann *Jonas* aus Aplerbeck, Sohn des verstorbenen Kaufmann Abraham Jonas, sämtlich Leutnants der Reserve. Bei der Feldluftschifferabteilung steht der Oberleutnant Dr. Benno *Öttinger*, Patentanwalt seines Zeichens aus Berlin, ein Kaufmann und ein Leutnant d. Res. Max *Strauß* aus Frankfurt a. M. und Leutnant d. R. Erich *Eliel*, Kaufmann aus Köln, Sohn des Stadtverordneten L. Eliel. Aus Emmerdingen stammt der Leutnant Otto Erich *Bloch*, Führer einer Luftschiffertruppe. Bloch ist der Sohn des Emmerdinger Zigarrenfabrikanten Max Bloch. Und last not least: der Führer eines Zeppelin, der Leutnant d. R. Max *Elias*, Ingenieur von der Zeppelinwerft in Friedrichshafen, Max Elias ist der Sohn des Herrn D. Elias in Hannover. Er erhielt das Eiserne Kreuz II. als Luftschiffer bereits Anfang September 1914, das I. Klasse ziemlich bald nachher. (Ein Dr. *Hermann Elias* stammt aus Berlin[1]) Aber auch das Alter wollte der Jugend nicht nachstehen: ein Veteran der deutschen Luftschiffahrt, der 62jährige Herr Paul *Spiegel* aus Chemnitz trat August 1914 als Kriegsfreiwilliger beim Königlichen bayrischen Luftschifferbataillon in München ein. Spiegel ist nachweislich heute der Altmeister der deutschen Luftschiffahrt, ein Mann, der hunderte erfolgreiche Flüge mit dem Luftballon ausgeführt hat und als Bahnbrecher auf allen Gebieten der Aeronautik Jahrzehnte gewirkt hat. Da seine Bedeutung außerhalb der Geschichte des Flugzeugwesens im Kriege liegt, müssen wir es uns versagen, den eingehenden Lebenslauf dieses Veteranen zu bringen.

[1] Eine Reihe anderweitig aufgeführte Flieger sind gleichfalls im Besitz der schönen Kriegsauszeichnung des E. K. I. Kl.

Spiegel

Am 26. April fiel im Luftkampf als Beobachtungsflieger der

Leutnant der Reserve in einem Res.-Drag.-Regt.

Ernst Adler

Inhaber des E. K. II. und der Hessischen Tapferkeitsmedaille

Die Eskadron, der er bis zu seinem Übertritt zur Fliegertruppe angehörte, verliert in ihm einen schneidigen Offizier und lieben Kameraden und wird ihm stets ein ehrendes Gedenken bewahren.

Kießler

Leutn. d. Res. u. stellv. Esk.-Führer

Diese Anzeige stand in der »Frankfurter Zeitung«. Sie bedarf wohl keines Kommentars. Ein junger Kriegsfreiwilliger, der eben Referendar geworden war, tritt sofort August 1914 bei der Kavallerie ein, wo er auf Grund seines Verhaltens vor dem Feinde Anfang 1916 Offizier wird. Durch die Auflösung seiner Schwadron wurde ihm die Erfüllung eines lang gehegten Wunsches der Uebertritt zur Fliegertruppe ermöglicht. Nach erfolgter Ausbildung wurde er als Beobachtungsoffizier einer gegen die englische Front aufgestellten Abteilung verwendet. Dort ist er in treuester Pflichterfüllung den Heldentod gestorben. Eine Fülle von Zuschriften seiner verschiedenen Vorgesetzten, Kameraden und Untergebenen an seinen Vater, den Direktor der Frankfurter Philanthropin, geben Kunde von den vorzüglichen menschlichen und militärischen Vorzügen und von der großen Beliebtheit, deren er sich erfreute.

Einer derer, die wir nicht vergessen dürfen, ist der Fliegerleutnant Dr. Franz *Rosin*, der Sohn des Geheimen Rats Prof. Dr. jur. Rosin in Freiburg, der wie sein Bruder bei den Fliegern stand. Er selbst hat bei Lebzeiten bescheiden abgelehnt, über seine Taten etwas in die Oeffentlichkeit gelangen zu lassen und die Familie hat auch diesem Wunsch Rechnung getragen. Durch einen Zufall verfügen wir aber über eine kleine Episode aus Rosins Laufbahn, die der Kriegsberichterstatter der »Frankfurter Zeitung« im Frühjahr 1917 brachte. Sie beschrieb eine seiner Heldenfahrten und darf wohl wieder aufleben:

»In derselben Nacht, als Laon mit Bomben heimgesucht wurde, erhielt ein deutscher Flieger den Auftrag, eine Ladung von 500 Kilogramm Dynamit auf einen wichtigen Verkehrspunkt hinter der feindlichen Front abzuwerfen. Er stieg auf, suchte sein Ziel, konnte es aber im aufsteigenden Nebel nicht erkunden und flog zurück, um eine bessere Stunde wahrzunehmen. Ueber der Höhe von Laon sah er Sprengpunkte von Abwehrgeschützen in der Luft und entdeckte auch alsbald das betroffene französische Geschwader. Da kommt ihm ein Gedanke: vorsichtig hängt er sich dem Geschwader an den Schwanz und folgt ihm unbemerkt in der Dunkelheit über die feindliche Linie. Er vertraut darauf, daß man ihn für einen ausgepichten Franzosen halten werde, und so war es wohl auch. Nicht lange, so sah er unter sich die Landungsfeuer des französischen Flughafens. Die Piloten des Geschwaders gingen im Gleitflug zur Erde, und als letzter schickte sich auch unser Flieger scheinbar dazu an. Er steuerte in sonderbarem Ungeschick recht nahe über die Flugzeugschuppen hin, ließ aus geringster Entfernung, 50 Meter vielleicht nur, seine Ladung fallen, riß die Steuerung hoch und entschwand in der Nacht. Die Sprengladung, mit sechzig Sekunden-Zeitzünder versehen, krepierte genau und mit furchtbarer Wirkung.«

Am 4. Juni 1917 ist Rosin im Luftkampf gefallen.

Weiteren Kreisen bekannt wurde Wilhelm *Frankl*. Es war eine Zeit lang der erfolgreichste deutsche Kampfflieger. Bevor er Offizier wurde, glaubte er gut zu tun, die *jüdische Religion abzustreifen*. Frankl, der aus einer alt jüdischen Familie stammt, ist im Jahre 1914 aus der jüdischen Gemeinde ausgetreten. Solange man allenfalls bei getauften Juden ihren semitischen Geist und ihre »spezifischen Handlungen« unliebsam vermerkt, — die jüdische Abstammung unterstreicht, solange in Deutschland Heine und Börne, in Rußland Trotzky und Radew, als Juden gezählt werden, solange mag auch ein Mann angeführt werden, der der jüdischen Gemeinschaft entsproß, den Quell seiner Energie, seiner Zähigkeit, seines Mannesmutes zum guten Teil aus dem ewigen Born dieser Rasse saugte. Wir wollen uns selbstverständlich nicht an Frankl als den Prototyp klammern, dazu liegt keine Ursache vor, da neben ihm andere deutsche Juden nicht viel weniger geleistet haben. Daß Frankl seine Qualitäten erst durch die Taufe im Jahre 1914 empfangen hat (neben dem Wunsche zu avanzieren, spielte auch ein Heiratsproblem eine Rolle), wird niemand behaupten.

Wilhelm Frankl

Im Jahre 1915 schrieb er an Verwandte, die ihn damals noch der jüdischen Gemeinschaft zugehörig erachteten und den Brief im »Hamburger israelitischen Familienblatt« zu veröffentlichen, über die Verteilung des Eisernen Kreuzes I. Klasse:

»Mein Eisernes Kreuz erster Klasse habe ich für drei Sachen erhalten: Einschießen des »Langen Heinrichs« auf Dünkirchen, bei dem ich mit noch einigen anderen Herren beteiligt war. Wir flogen in ziemlich heftigem Granatfeuer über der Stadt, und mein Beobachter signalisierte die Einschlagstellen bei dem Geschütz. Die Verwüstungen waren kolossal. Am 10. Mai 1915 schoß ich mit einem fünfschüssigen Selbstladekarabiner ein feindliches Kampfflugzeug herunter, das Maschinengewehr an Bord hatte. Die Franzosen gaben dieses auch in ihrem offiziellen Tagesbericht zu. Und schließlich hatte ich im Mai ca. 16 000 Kilometer an Aufklärungsflügen, Artillerie-Einschießen usw. in Feindesland hinter mir. Daß nicht immer alles ganz glatt gegangen ist, davon kann meine Maschine mit ihren ca. fünfzig Schußlöchern ein Lied singen (neulich wurde mir ein Knopf meines Mantels abgeschossen), dazu kommen noch etliche Notlandungen dicht hinter unserer Front und paar Stürze mit anderen Maschinen.«

Der amtliche Heeresbericht vom 6. Mai 1916 aus dem Großen Hauptquartier, der in allen Zeitungen veröffentlicht wurde, sprach erstmalig von ihm:

»Der Vizefeldwebel Frankl hat am 4. Mai einen englischen Doppeldecker abgeschossen und damit sein 4. feindliches Flugzeug außer Gefecht gesetzt. Seine Majestät der Kaiser hat seine Anerkennung für die Leistungen des Fliegers durch die Beförderung zum Offizier Ausdruck verliehen.«

Der Lebenslauf der meisten von uns angeführten Flieger liegt nicht vor. Aber auch die wenigen zugänglichen Mitteilungen verlangen ein gewisses Interesse. Es sind nicht immer erschütternde große Tragödien, nicht stetig Beispiele herakleischer Größe. Aber die Details, die in manchem Beispiel stecken, zeigen, daß der Makabaeermut in den jüdischen Herzen schlägt. So kann Max *Holzinger* ohne Ueberhebung in unsere Ehrentafel eingereiht werden. Als Sohn eines Fürther Fabrikanten (geboren 4. 11. 1892), diente er in seiner Vaterstadt beim bayrischen Trainbataillon 3 und begab sich nach seiner Entlassung nach London, wo er bei der General Electric-Compagnie tätig war. Er hätte dort zurückbleiben und sich internieren lassen können, wie es über Hunderttausend anderer Deutsche machten. Er zog es vor, in letzter Stunde, — da ihm die Ueberfahrt verboten wurde — durch List auf einen Kohlendampfer zu flüchten. In der Heimat angekommen, wurde er beim Train eingestellt, meldete sich aber von hier weg ins bayrische Alpenkorps und machte an der Front den Feldzug in Tirol mit. Bei den Kämpfen in Serbien wurde er im Herbst 1915 durch einen Arm- und Brustschuß verwundet. Wiederhergestellt kam er auf mehrfache Gesuche zur Fliegertruppe in Schleißheim.

Holzinger

Seinen Entschluß, zur Fliegertruppe überzutreten, gab er seinen Eltern in folgendem charakteristischen Briefe kund: »Liebe Eltern! Mit herzlichem Dank für Eure lieben jüngsten Zeilen, teile ich Euch heute mit, daß ich ab 1. September zu den Fliegern nach .... kommandiert bin. Eltern können derartige Schritte ihrer Kinder nicht billigen, aber versucht, meine Gründe, die mich veranlaßt haben, zu verstehen. Nicht Ehrsucht hat mich bestimmt, zu dieser Waffe zu eilen. Ich will mehr leisten in diesem furchtbaren Völkergemetzel, als meine Pflicht und Schuldigkeit. Meine kräftige Körperkonstitution hat in mir den Glauben und das Vertrauen erweckt, daß ich bei den Fliegern meinen Platz voll und ganz ausfüllen werde. Blühende Gatten, bärtige Väter sind hinausgezogen in den Kampf; sollte ich, ein junger, kräftiger Mann, zurückstehen! Ihr werdet sagen, ich sei gefühllos! Nein, nein und nochmals nein. Schreibt mir bitte keine Briefe — sie mögen noch so stark von glühender Liebe getragen sein — die mich weich machen. Ich brauche nun viel mehr Kraft und Sicherheit, als das tägliche Brot. Es ist gleich, wo man steht in diesem riesigen Kampfe; ich sah es auf verschiedenen Kampfschauplätzen. Hauptsache ist — Pflicht und Schuldigkeit — dann ist alles recht! Lebt wohl! Mit herzinnigen Grüßen in Liebe Euer treuer Max.«

Vom Trainsoldaten rückte er nun zum Fliegerleutnant auf und wurde wegen seiner glänzenden Leistungen zur Armee Oberkommando-Abteilung versetzt.

Nach den Mitteilungen eines Kameraden leistete Leutnant Holzinger besonders im Anfange der Abteilung gute Dienste, in dem er sich für Artillerie-Einschießen, insbesondere für die schwer zu beobachtenden kleinkalibrigen Batterien als am besten geeignet erwies. »Es kam anfangs wiederholt vor, daß, wenn unsere sämtlichen Offiziere beim Artillerie-Einschießen versagten, man einfach den »Kleinen Holzinger«, wie er gern genannt wurde, nach vorne schickte. Er hat die Aufträge dann meistens spielend erledigt. Recht gut bediente er auch als einer der ersten die funkentelegraphischen Einrichtungen im Flugzeug. Er war ein vorsichtiger Flieger. Bei den übrigen Offizieren, insbesondere bei den Vorgesetzten, erfreute er sich großer Beliebtheit. Das Ende seiner Tätigkeit ereilte ihn auf der Rückfahrt von einem Frontfluge, bei welcher sich in einer Höhe von zirka 3-4000 Meter eine Tragfläche loslöste und das Flugzeug zum Absturz brachte. Leutnant Holzinger und sein Flugzeugführer waren sofort tot.« (11. September 1917.)

Der Abteilungsführer der Feldflieger-Abteilung Armee Oberkommando setzte die Eltern davon mit folgenden Worten in Kenntnis:

Im Felde, den 11. September 1917.

Sehr geehrter Herr Holzinger!

Schweren Herzens ergreife ich die Feder, um meinem Telegramm von heute früh die ausführliche Nachricht vom Tode Ihres Sohnes Max nachfolgen zu lassen, der uns Allen ein schwerer Verlust ist.

Ihr Sohn war zu einem Bilderkundungsfluge hinter unserer Linie gestartet und ist anscheinend nicht mit dem Gegner in Berührung gekommen. Augenzeugen berichten, daß über Bergnicourt plötzlich sich das Flugzeug mehrmals überschlug und dann auseinanderbrach. Ihr Sohn und der Flugzeugführer Leutnant Oelsner müssen sofort tot gewesen sein.

Lassen Sie mich Ihnen und Ihrer Familie unser Aller tiefstes und aufrichtigstes Beileid zum Tode Ihres Sohnes aussprechen, der es in der kurzen Zeit seines Hierseins verstanden hat, durch sein zuvorkommendes Wesen, seine Bescheidenheit und seine große Dienstfreudigkeit sich die Herzen seiner Kameraden zu gewinnen. Das Vaterland hat wieder einmal einen seiner Besten gefordert!

Mit vorzüglicher Hochachtung

Ihr sehr ergebener

Graf v. *Beroldingen.*

Diesem Schreiben schloß sich der Führer der Flieger-Abteilung Herr Oberleutnant Mühl nach einigen Tagen mit folgenden Ausführungen an:

Im Felde, den 17. September 1917.

Sehr geehrter Herr Holzinger!

Als Abteilungsführer drängt es mich, Ihnen und Ihrer ganzen Familie anläßlich des Heldentodes Ihres Sohnes mein und der ganzen Abteilung aufrichtigstes und herzlichstes Beileid auszusprechen. Daß wir alle tiefbetrübt und erschüttert sind, brauche ich Ihnen nicht zu sagen. Wir alle hatten den so jäh aus unserer Mitte gerissenen Kameraden sehr gerne gehabt wegen seines offenen, bescheidenen, grundvornehmen, gemütvollen Wesens. Uns tröstet nur der Gedanke, daß er einen schönen Soldatentod gestorben ist. Die Abteilung wird den Verlust schwer verwinden. Ihr heldenmütiger Sohn hat durch seine mit ungewöhnlicher, todesverachtender Unerschrockenheit unternommenen Flüge an erster Stelle dazu beigetragen, der Abteilung den Ruf zu sichern, den sie jetzt genießt. Dafür gebührt ihm auch über das Grab hinaus unser unauslöschlicher Dank. Wie oft haben wir ihn bei der Ausübung seines mühevollen und so gefährlichen Dienstes bewundert, wenn es weder Maschinengewehren, noch Schrapnells, noch feindlichen Kampfeinsitzern gelang, ihn von seiner Aufgabe abzubringen und wie oft hat er so kühn dem Tode ins Auge geschaut ...

Wir haben unseren tapferen Kameraden mit seinem Flugzeugführer in einer Fülle von Blumen und jungem Birkengrün in der kleinen Ortskirche feierlich aufgebahrt. Zu seinen Häupten brannten Kerzen, Freiwillige hielten die Totenwache ...

Aus der Fülle der ergreifenden Worte, die anläßlich seiner Aufbahrung in Frankreich und an seinem Grabe ihm gewidmet wurden, mag hier die Grabrede des Fliegerleutnants Meyer, welcher die Flieger-Ersatzabteilung Fürth vertrat, zitiert werden. Sie klang aus in den Worten:

Trauernd stehen wir an der Bahre unseres lieben Kameraden Max Holzinger. Nie haben wir einen prächtigeren Menschen verloren, einen Flieger, dessen Tüchtigkeit und Schneid allgemein anerkannt wurde, einen Kameraden, geschätzt und geachtet von Jedem, der ihn näher kennen lernte. Nicht der Feind, dem er auf seinen Flügen so oft und kühn ins Auge blickte, hat ihn besiegt, sondern ein jäher und tückischer Zufall hat ihn seiner, ihm so lieb gewordenen Waffe entrissen, die seinen Tod aufrichtig bedauert und betrauert. So lege ich nun im Namen der Offiziere und Flugzeugführer der Flieger-Ersatzabteilung Fürth diesen Kranz an Deiner Bahre nieder als letzten Ehrengruß; schlafe wohl, Kamerad, ruhe sanft, Du hast Deine Pflicht bis zum letzten Atemzug erfüllt und starbst als Held!

Die freie schlagende Verbindung Salia in Würzburg widmete ihrem Mitgliede *Ernst Müller*, cand. med. aus Hannover, Sohn des Bankdirektors Siegfried Müller einen Nekrolog, der also beginnt:

»Die Bundesbrüder kennen seine Soldatenlaufbahn. Bei Ausbruch des Krieges Sanitätsgefreiter der Reserve, stellte er sich freiwillig zur Waffe, zieht als einer der ersten hinaus, so daß schon der erste unserer Berichte von seiner mit Mut und Kampfesfreude überstandenen Feuertaufe in der vordersten Sturmlinie erzählen kann. Von seinen Vorgesetzten anerkannt, ist er als der bestqualifizierte unter den ersten Auserwählten des Offizierskurses, der ihm hervorragende Eignung zuerkennt. Der junge Leutnant kehrt in den Schützengraben zurück. Nach den heißen Kämpfen bei Ban de Sapt, in deren Brennpunkt er kämpft, genügt die nun ruhigere Vogesenfront seinem Tatendrang nicht mehr. Er wird Flieger, seine Tapferkeit wird einzige Kühnheit: im Begriffe vom Beobachtungsfluge zum Kampffluge überzugehen, ereilt ihn das von manchem Freunde in steter Besorgnis befürchtete Fliegerschicksal, von schwindelnder Höhe, vollsten Lebensbewußtseins hinabzustürzen in das Nichts.

Wir haben leiden gelernt in diesem Kriege. Fast der zehnte Teil unseres Bundes, unsere Tüchtigsten, sanken vor dem Feinde. Aber dieser neue Schmerz zerwühlt unser Inneres mit bitterster Verzweiflung. Hier war ein

Kühner, ein Reichbegabter, ein Charakter, ein Mann von Ueberzeugungstreue und ungebeugtem Nacken, ein lebendiger Geist, ein tiefes Gemüt — und all diese hervorragenden Eigenschaften schienen für ihn nur vorhanden zu sein, um sie restlos einzusetzen in den Dienst der Gemeinschaft.«

Ernst Müller

Es verlohnt sich seinem Leben nachzuspüren. Ernst Müller war zu Kriegsbeginn cand. med., und da er gedient hatte, gehörte er eigentlich zum Sanitätsdienst als Sanitätsunteroffizier, da er die Gefreiten-Qualität hatte. Er begnügt sich als Gefreiter in der Font mitzumachen. Sein Humor bleibt jeder Zeit unverwüstlich. Nach 1½ Jahren Krieg, nach vielen schweren Erlebnissen, schreibt er den Freunden in der Salia:

»Der Krieg fängt wieder an. Das ist erfreulich«, und unter dem 22. II. 16 weiter: »Die Stimmung hier ist unentwegt zuversichtlich und zukunftsfroh«. Vorher hat er die wertvolle bayerische Auszeichnung, das Militärverdienstkreuz 3. Klasse mit Kronen erhalten.

Zu Beginn des Jahres 1916 kommt er in Schleißheim bei den Fliegern an, wird ausgebildet und der Feldfliegerabteilung überwiesen.

Im September läßt er sich wieder einmal vernehmen. Er fliegt jetzt in den Brennpunkten der Kämpfe, zuletzt bei Verdun. »Was man sieht und hört, ist außerordentlich interessant, eignet sich leider nicht zur Mitteilung. Mir gefällt meine Tätigkeit sehr gut«. Einige Zeit später:

»Bei einigermaßen ausreichendem Wetter wird viel geflogen. Meine Staffel bekam heute für einen feinen Flug nach Nancy am 4. 10. (bei dem ich auch einen Luftkampf mit zwei Franzosen hatte) die höchste Anerkennung des Kronprinzen ausgesprochen. Wir sind als Etappenflieger überall hin bekannt, weil wir beim Fliegen weit in der französischen und sonst weit hinten in der deutschen Etappe herumtollen. Ich bin Kasinovorstand und habe viel mit Küche und Keller zu tun. Dieser Tage zum Beobachter-Abzeichen eingegeben. Also es ist eine Lust zu leben. Heute gehts nach Vadelaincourt südlich Verdun, um Flugplatz und Ausladebahnhof der Franzosen etwas aufzumuntern. Aber sonst gehts mir famos.«

Eines Tages aber blieben seine Briefe aus. Dafür kamen die seines Staffelführers, des Oberltn. Schwenden u. a. Offiziere. Sein Vorgesetzter schrieb dem Vater:

Am 11. Nov.: Euer Hochwohlgeboren wurden bereits telegraphisch verständigt, daß Ihr Herr Sohn Ernst von einem Erkundungsflug am 9. XI. nicht zurückgekehrt ist. Es drängt mich, zumal Ihr Herr Sohn als Beobachtungsoffizier bei der Staffel ganz hervorragenden und vorbildlichen Schneid zeigte und eine meiner besten Stützen war, Euer Hochwohlgeboren soweit als mir möglich über die ganze Sache aufzuklären. Verzeihen Sie, daß ich Ihnen durch diesen Brief schwere Stunden bereiten muß. Wir alle hoffen zuversichtlich, daß Ihr Herr Sohn in französische Gefangenschaft geraten ist und daß in einigen Wochen Ihr Herr Sohn selbst Nachricht aus Frankreich gibt. Wolle Gott, daß wir in Kurzem die ganze Gewißheit erhalten, daß Ihr Herr Sohn noch am Leben ist. Das wünsche ich nicht nur Ihnen als Vater, sondern auch ihm, der stets bereit war, sein Alles einzusetzen für sein Vaterland. Die Dankbarkeit für Ihren Herrn Sohn wird mich jederzeit bereit finden, mich Euer Hochwohlgeboren stets voll und ganz zur Verfügung zu stellen.

Vom 16. Nov.: Mit einem Worte, das Schicksal Ihres Herrn Sohnes und meines trefflichen Beobachters ist noch vorläufig in vollkommenes Dunkel gehüllt. Wir wollen uns nicht selbst betrügen, sogern ich dies tun würde, um nicht an den eventl. Tod meines Beobachters, der mir durch seine hervorragenden soldatischen Eigenschaften so sehr ans Herz gewachsen war, glauben zu müssen. Mit Spannung wartet die Staffel auf die Nachricht, die aus der Schweiz eintrifft. Wir wollen die Freundspflicht zu unserer verlorenen Flugzeugbesatzung dadurch in den nächsten Tagen erfüllen, daß wir durch Abwurf aus dem Flugzeug bitten, die Franzosen möchten uns das

Schicksal dieser Besatzung mitteilen. Bisher hinderte uns das schlechte Wetter daran. Aus Ihrem Briefe entnehme ich, daß Ihr Herr Sohn Ihnen von den Erfolgen meiner Staffel berichtet hat. Meinen ganz vortrefflichen Offizieren hatte ich dies zu verdanken. Um so eher werden Euer Hochwohlgeboren verstehen, wie mein Herz an jedem einzelnen hängt und wie schwer mir besonders dieser Verlust ankommt. Darf ich Euer Hochwohlgeboren daher nochmals bitten, unsere gegenseitigen Kräfte zu vereinen, um möglichst bald Klarheit und hoffentlich freudige Klarheit in das bisherige Dunkel zu bringen.

Vom 6. bayer. Kampfgeschwader, der Kampfstaffel, kamen noch weitere Briefe, deren wichtigste wir anführen müssen, um die Geschichte zu Ende zu erzählen:

Am 10. XII.: Soeben von einer dienstlichen Reise zurückgekehrt, stellen mich Ihre beiden Briefe leider vor die traurige Tatsache, daß Ihr Herr Sohn Ernst und mein trefflicher Beobachter den Heldentod gefunden hat. Die ganze Staffel wird hierdurch mit mir in die aufrichtigste Trauer versetzt. Wir alle möchten Ihnen und Ihrer hochgeschätzten Familie unser allertiefstes und inniges Beileid aussprechen für den schweren Schlag, der Sie durch den Heldentod meines einzig schneidigen Beobachters und unseres lieben, teuren und heiteren Kameraden getroffen hat. Meine wie zu Eisen geschmiedete Staffel, durch Bestehung gemeinsamer Gefahren, hat durch den Tod Ihres Herrn Sohnes eine tiefe, nur schwer zu reparierende Scharte erlitten. Mir persönlich stand er durch seinen vorbildlichen Schneid und sein offenes, gerades und heiteres Wesen besonders nahe. So wie sein Wesen, war auch sein Ende ehrenvoll. In der Verkörperung des frischen draufgängerischen Fliegergeistes hat er im offenen ehrlichen Kampf sein junges Blut seinem Vaterland geopfert. Lassen Sie mich Ihnen, dem so schwer geprüften Vater, meinen und unseren Dank aussprechen dafür, was er Hervorragendes geleistet hat, mir, seinem Staffelführer, und besonders seinem großen Vaterland. Sein Geist wird um uns sein und uns anspornen, es ihm gleich zu tun, d. h. unser Bestes, das Leben dem Vaterland freudig wie er zu opfern. Wir aber werden nicht aufhören, ihm auch nach seinem Tode die Treue zu bewahren, die er uns gezeigt hat. Auf unseren Abwurf hin ist leider von Seiten der Franzosen noch nichts erfolgt. Die Franzosen sind dafür nicht zu haben. Auch kommt nie ein Franzose hinter unsere Linien bei Verdun. Zur Beruhigung von Euer Hochwohlgeboren werden wir es jedoch noch ein zweites Mal versuchen. Beide wurden wahrscheinlich im Luftkampf schwer getroffen, mußten drüben niedergehen und starben in einem Lazarett in Verdun. Abgestürzt können sie nicht sein, denn sonst hätten sie schon tot am Boden ankommen müssen. Der einzige Weg zu weiterer Ermittlung bleibt der von Euer Hochwohlgeboren vorgeschlagene. Wir werden jedoch nichts unversucht lassen, um durch Abwurf oder durch Gefangenenaussagen

Näheres herauszubringen. Die Erlaubnis von Euer Hochwohlgeboren voraussetzend, habe ich die Todesanzeige in die »Frankfurter Zeitung« setzen lassen. Wenn es mir irgend wie möglich ist, stehe ich Euer Hochwohlgeboren jederzeit bereitwilligst zur Verfügung. Für meinen braven Beobachter ist mir kein Dienst zu schwer. Möge Ihnen und Ihrer hochgeschätzten Familie der Gedanke, daß Ihr Herr Sohn seinen Lebenszweck durch seinen Heldentod für's Vaterland auf das Ruhmvollste erfüllt hat, über diese schweren Stunden hinweg helfen. Neben der Trauer muß der Stolz auf den gefallenen Sohn ausgleichend wirken.

Und am 16. XII.: Soeben erfahre ich Näheres über die Ursachen des Todes und über den Tod Ihres Herrn Sohnes selbst. Gestern wurde bei Pont-à-Mousson ein Nieuport zur Landung gezwungen. Insasse: 1 französ. Kapitain. Er sagt aus: »Ich war gerade in Verdun, als das Flugzeug Bemsel-Müller abgeschossen wurde. Der Walfisch griff einen Farman an über der Zitadelle von Verdun. Das deutsche Flugzeug bemerkte anscheinend einen dem Farman zu Hilfe eilenden Nieuport nicht. Nach kurzem Kugelwechsel ging die deutsche Maschine nieder, um wahrscheinlich auf einer Wiese westlich der Zitadelle zu landen. In 100 Meter Höhe stürzte das Flugzeug plötzlich senkrecht ab. Die beiden Insassen hatten Bauchschüsse und starben noch ehe sie hätten abtransportiert werden können. Sie wurden im Militärfriedhof von Verdun beerdigt. Der Herzog von Connaught, der sich zufällig in Verdun befand, hat das Maschinengewehr an sich genommen als Andenken. Ein französisches Flugzeug hat eine Meldung über das Geschick der Besatzung abgeworfen.« Soweit die Aussagen des Franzosen.

Nachträglich kommen noch zwei Zuschriften: Die eine betrifft den Königl. Erlaß, wodurch unter dem 17. 11. der Bayerische Militär-Verdienstorden 4. Klasse mit Schwertern ihm verliehen wurde. Der Umtausch dieses Ordens war Ernst Müller schon früher angeboten worden. Er war aber stolz auf seinen Unteroffizierorden und gab ihn nicht heraus.

Schließlich wurde auch noch die Kapsel gefunden. Man schrieb den Eltern:

Wir haben jetzt noch den franz. Text, eine Abschrift von der französischen, aus einem Flugzeug abgeworfenen Meldung, bekommen.

»Vom Heldentod unseres lieben Müller.« Folgende Nachricht der Franzosen wurde am 26. Dezember von den Deutschen gefunden, soll aber einige Tage nach dem Unglück abgeworfen sein:

Le 9 novembre 1916; le lieutenant Ernst Müller et le sous-officier Christian Bemsel, pilote, ont èté abattus sur Verdun et enterrés en ce lieu avec les honneurs militaires. Ils se sont battus heroique ment.[2]

[2] Uebersetzung: Am 19. 11. 16 fielen der Ltn. Müller und Flugzeugführer Untrffz. Chr. Bemsel. Sie wurden an Ort und Stelle mit militärischen Ehren bestattet. Sie haben wie Helden gekämpft.

6

Am 15. Mai 1918 fand den Fliegertod durch Absturz mit einem Flugzeuge in **Schüsselndorf** bei Brieg der Beobachter-Vorschüler

Leutnant der Reserve

Simon Pinczower

Inhaber des Eisernen Kreuzes I. und II. Klasse

Die Abteilung beklagt tief den Verlust dieses tüchtigen, vor dem Feinde bewährten Offiziers und hochgeschätzten Kameraden, dessen besonderer persönlicher Schneid für unsere Waffe zu den besten Hoffnungen berechtigte.

Die Abteilung wird ihm ein treues Andenken bewahren.

Hildebrandt,

Hauptmann und Kommandeur der Flieger-Ersatz-Abteilung 11

Dieser Nachruf galt einem jungen Oberschlesier. Geboren am 12. 10. 1895 in Beuthen O.S., wo er April 1912 den Einjährigen Berechtigungsschein am Gymnasium erhielt. Der Krieg überraschte ihn als angehenden Kaufmann in Breslau, welchem Beruf er sofort Valet sagte; seine Metamorphose machte ihn zum Kriegsfreiwilligen im Inf.-Reg. 156 in Beuthen, das er bald mit dem östlichen Kriegsschauplatz vertauschte. Im Juni 1916 kam er als Vizefeldwebel und M.G.-Schütze bei den Fliegern an, als welcher er in Freiburg ausgebildet wurde. Januar 1917 nach dem Westen kommandiert, begann er seine Flugtätigkeit, die wiederholte Anerkennung fand. Im ganzen brachte er es auf 108 Frontflüge, wofür er Mitte Februar 1918 »*in Anerkennung seines vorbildlichen Schneids und seiner hervorragenden Verdienste als M.G.-Schütze*

(Abwehrschlacht in Flandern und Cambraischlacht 1917)« das E.K. I. Klasse empfing. Kurz darauf wurde er zum Reserveoffizier der Fliegertruppen befördert und zu einem Beobachter-Vorkursus nach Brieg kommandiert, wo er bei einem Photo-Flug seinen Tod fand. Nach einer Version soll das Flugzeug infolge eines Vergaserbrandes abgestürzt sein, andere sagen ein Propeller wäre gebrochen. Nur das eine steht fest, daß Pinczower, als das Flugzeug Feuer fing, heraussprang und sich auf diese Weise noch zu retten versuchte.

Unter den Nachrufen mag noch eine Abschrift hier Platz finden, die vom Führer seiner Truppe, Rittmeister Völkel, stammte.

»... Die Abteilung, insbesondere das Offizierskorps bedauert mit Ihnen und Ihrer Gattin aufs Tiefste den Heimgang Ihres Sohnes. Uns allen wird er unauslöschlich in der Erinnerung bleiben. Als ein Soldat, der stets sein Blut, sein Leben, sein ganzes Können, sein Fühlen und Denken für seinen Kaiser und sein Vaterland eingesetzt hat, dem von seiten seiner Vorgesetzten und Untergebenen stets das vollste Vertrauen entgegengebracht wurde, als Kamerad, der die Liebe des gesamten Offizierskorps besaß.

Hochachtungsvoll ...«

Einen, dem man den persönlichen Mut nicht bestreiten wird können, wollen wir nun anführen: Den *Oberarzt* d. R. Dr. med. Hermann *Jaffé*, Sohn des Herrn Adolf Jaffé aus Santomischel (in Berlin, Tile Wardenbergstr. 9, wohnhaft). Jaffé rückte in den Augusttagen jenes merkwürdigen Jahres voll Begeisterung als Kriegsfreiwilliger hinaus. Er nahm an den Schlachtplätzen der Westfront teil. Obwohl Arzt, ward er doch, um seinen persönlichen Mut besser beweisen zu können, Flieger. Fünfmal wurde er verwundet, das vierte mal im Januar 1918, kaum von der Verwundung genesen, eilte er erneut ins Feld, bis er am 17. Mai 1918 den Folgen einer fünften Verwundung im Lazarett in Damaskus erlag. Eine Reihe von Auszeichnungen (Eisernes Kreuz I. Klasse, Eiserner Halbmond usw.) könnten angeführt werden. Aber dieses Soldatenleben spricht wohl ohnedies genügend für sich.

Am 13. Januar fiel durch einen feindlichen Herzschuß der Fliegerleutnant Max *Pappenheimer*. Es verlohnt sich, seinen Lebenslauf zu überblicken. Er entstammt einem Lehrerhaus in Mergentheim und studierte Rechtswissenschaften, gehörte dabei einer zionistischen Korporation an. Damals hätte ihm sicher niemand das Horoskop gestellt, daß er in bälde ein deutscher Fliegeroffizier werden würde, er, der nicht einmal zum Dienst mit der Waffe eingezogen worden war, da er bei der Untersuchung nur zum Ersatz-Reservisten tauglich befunden wurde.

Pappenheimer

Im Kriege kam alles anders. Auf dem Truppenübungsplatz Meiningen kurze Zeit nach Kriegsausbruch ausgebildet kam er im November 1914 zum W. Inf.-Reg. 127 in die Argonnen, wo er sich durch Mut und Ausdauer auszeichnete. Im März 1915 wurde er bereits Offizier, und als solcher zum Regiment 52 versetzt, wo er im Priesterwalde stand, aber weder als Soldat noch als Mensch genügend Anerkennung fand, sogar antisemitische Uebergriffe blieben ihm nicht erspart.

Vom August bis Anfang Dezember 1916 verweilte er in der Fliegerschule Böblingen in Württemberg und in der Fliegerschule Großenheim in Sachsen. Von Mitte Dezember 1916 flog er im Westen und zwar in Flandern, bei Arras und zuletzt bei Cambrai.

Am 27. 4. 17 erhielt er vom Kom. Gen. der Luftstreitkräfte das Abzeichen für Beobachtungsoffiziere. Zehn Tage später stürzte er ab, konnte aber bald wieder fliegen und sich das Eiserne Kreuz 1. Klasse erwerben. Zahlreiche Anerkennung, welche in dieser Zeit seine Fliegerabteilung erhielt, hatte Pappenheimer reichlich mitverdient.

Am 15. August lautete der Divisions-Befehl der X. Res.-Division:

»Ltn. Pappenheimer mit Ltn. Friedrichs als Führer (Flieger Abt. X) hat gestern unter schwierigsten Verhältnissen bei ungünstiger Witterung, tiefer Wolkenlage, starkem feindlichen Beschuß und in niedriger Höhe fliegend eine Artilleriesperrfeuerprüfung durchgeführt. Für diese schneidige und gute Leistung spreche ich beiden Offizieren volle Anerkennung aus.«

Und der Artill.-Kommandeur *persönlich* am 19. 10. 17.

»Das von Leutnant Friedrichs als Führer und Ltn. Pappenheimer als Beobachter besetzte Flugzeug der Feldflieger-Abt. X hat der Artillerie der X. Res.-Division besonders gute Dienste geleistet. Beide Herren waren bei jeder Wetterlage zu jedem Fluge bereit, haben sich stets angeboten und trotz allen entgegenstehenden Schwierigkeiten für das Einschießen und die Erkundung der Artillerie Großes geleistet. Sie waren unermüdlich, kaum gelandet, starteten sie von Neuem, wenn die Aufgabe es erforderte; weder die feindlichen Flugzeuge noch die Ungunst des Wetters hielt sie von ihrer erfolgreichen Tätigkeit ab. Die Artillerie verdankt gerade diesem Flugzeug einen Hauptteil ihres gelungenen Schießens; seine Tätigkeit ist ganz besonders anzuerkennen.«

Eine weitere Auszeichnung — die goldene Militärverdienstmedaille — blieb dann nicht aus.

Das Jahr 1918 begann Pappenheimer mit einem neuen Führer, mit dem er nur noch wenige Flüge ausführen sollte. Bald fand er vor dem Feinde den Heldentod. Er liegt auf dem württembergischen Bezirksfriedhof Unterbalbach zur letzten Ruhe gebettet.

Sein Hauptmann aber weihte ihm über das Grab hinaus folgende ehrenvolle Worte, die dem Briefe an seinem Vater entnommen sind:

»Am 13. Januar 1918, einem klaren, kalten Wintertag, hatte Ihr Herr Sohn den Auftrag, eine unserer Batterien gegen eine feindliche Batterie einzuschießen. Wie immer erfüllte er in meisterhafter Weise seine Aufgabe, wie nachträglich aufgenommene Photographien der beschossenen Batterien zeigen. Kurz vor dem Heimfluge wurde das Flugzeug von einem englischen Jagdeinsitzer angegriffen. Die erste Maschinengewehrgarbe traf Ihren Herrn Sohn, welcher sofort mit Herzschuß leblos zusammensank. Der Flugzeugführer (Flieger Nolte) landete das stark beschädigte Flugzeug diesseits unserer Linien bei Lehancourt nördlich St. Quentin. *Ihr Herr Sohn war einer der besten Beobachtungsoffiziere, die nicht nur die Abteilung, sondern die ganze Fliegertruppe zu verzeichnen hatte.* In einem Jahre war er 228 mal gegen den Feind geflogen und hat 100 Batterien mit Erfolg eingeschossen, *eine Leistung, die wohl einzig dasteht* und die belohnt werden sollte durch die Eingabe zum Ritterkreuz des Kgl. Hausordens von Hohenzollern.

Ihr Herr Sohn nahm eine Sonderstellung in der Abteilung ein, jeder bewunderte ihn wegen seiner Leistungen und jeder mochte ihn besonders gerne wegen seiner vornehmen bescheidenen Gesinnung. Mir persönlich war er der fleißigste und tüchtigste Mitarbeiter und ein lieber Freund.

Suchen Sie Trost in dem Gedanken, daß Ihr Herr Sohn als ein für unsere große nationale Sache durch und durch überzeugter Mann gekämpft und als Held gestorben ist.

Er geht denn von uns, aber sein Geist wird weiter leben und die Erinnerung werden wir stets hochhalten.«

Im »Reutlinger Generalanzeiger« (Nr. 16 vom 19. Januar 1918) gab sein Hauptmann auch noch öffentlich Kenntnis von seinem Heldentode:

»Am 13. 1. 18 fiel durch Herzschuß im Luftkampf der Leutnant der Reserve und Beobachtungsoffizier Max Pappenheimer, Inhaber des Eisernen Kreuzes 1. und 2. Klasse und der goldenen Verdienstmedaille. Sein Wort: »Es liegt im Wesen des Soldatenberufes, vor dem Feinde freudig sterben zu wissen« kennzeichnet diesen tapferen Offizier und lieben Kameraden. Es war einer unserer Besten. Ehre seinem Andenken.

Sommer

Hauptmann und Führer einer Fliegerabteilung.«

Die Redaktion des Reutlinger Generalanzeigers bemerkt hierzu im redaktionellen Teile:

»Max Pappenheimer gefallen. Heute erreichte uns die schmerzliche Kunde, daß Max Pappenheimer, der der Schriftleitung des Reutlinger Generalanzeigers in den Jahren 1912 und 1913 angehörte und noch lange in engen Beziehungen zu ihr stand, als Fliegerleutnant den Tod fürs Vaterland gestorben ist. Ein Herzschuß hat im Luftkampfe seinem Leben ein jähes Ende bereitet. Für die breitere Oeffentlichkeit ist der Gefallene einer von den vielen Tausenden, die ihr Leben für den Schutz des Vaterlandes in die Schanze schlagen; uns war er mehr: ein treuer, schaffensfroher und wertvoller Mitarbeiter, ein Mensch vorbildlichen Charakters nach jeder Richtung. Wir können auch für uns nur wiederholen, was Major Sommer in der amtlichen Trauerkundgebung zum Tode Pappenheimers sagt: Er war einer unserer Besten.«

Die Anführung der Daten und Taten, die Betonung der äußerlichen Anerkennung, die Verleihung von Rang, Orden und Ehrenzeichen — diese Summation von objektiven Erscheinungen bleibt das Primäre unserer

Darstellung. Ohne diese lauten Gunstbezeichen der großen Welt, fehlt dem Helden die offizielle Charakterisierung. Aber so sehr die starken Ereignisse das erste und letzte Wort haben, es gibt Imponderabilien, die Gewicht haben: seine gemütliche Stimmungen und seelische Regungen, welche einen so starken Wert haben, daß sie als Erinnerung über den Kreis der nächsten Freunde hinauswirken. Solche documents humaines, die wir einzeln nicht mit den gewöhnlichen Maßstäben, mit Scheffeln messen können, erschließen uns erst recht das Innerste und Tiefste, die psychische Verfassung der jüdischen Jugend. Daß wir im Nachlaß der anerkannten Matadoren auf Zeugnisse ausgeprägter Persönlichkeit, auf prächtigen Humor und Geistesgröße stoßen, versteht sich am Rande; aber auch der Nachwuchs, dem es nicht vergönnt war, den höchsten Lorbeer zu pflücken, zeigt kerngesunde, männliche und opferwillige Art.

Einer von ihnen war *Heinz Bettsak*. Mit 21 Jahren, zu Beginn des Weltkrieges, bereits Referendar und Doktor der Rechte in Berlin, trat er am 1. August 1914 als Kriegsfreiwilliger bei den Zietenhusaren ein. Wie viele andere konnte auch er es nicht erwarten, bis er die »endlose« Ausbildungszeit hinter sich hatte und ran an den Feind durfte.

Dr. H. Bettsak

Am 20. November 1914 kommt er aus der Garnison ins Feld. Schon am 22. schreibt er seinen Eltern folgenden unruhigen Brief:

»Ich muß gestehen, daß mich die Tatenlosigkeit, zu der wir hier vorläufig verdammt sind, schon jetzt zu quälen beginnt. Die wilde Romantik der Vogesenberge, der Donnerhall der Geschütze, so manche kreuzgeschmückte Infanteriebrust stimmen uns junge Burschen naturgemäß kampflustig. Es ist auch ein eigenes Gefühl, den Feind kurz vor sich zu wissen und nicht an ihn heranzukommen. Freilich haben die Bayern und Badenser, die hier oben in sichern Stellungen liegen, sich ihre Ruhe teuer erkaufen müssen. Die Geschichte der Vogesenkriege ist vielleicht dereinst — das habe ich schon mit eigenen Augen sehen können und von den alten Leuten, die die Sache von Anfang an mitgemacht haben, des weiteren erfahren — das blutigste und grausigste Kriegserlebnis, von dem der Chronist zu berichten hat. Hier steht auf grünen Matten Grabmal an Grabmal. Hier ist das ruhmreiche Regiment der Chasseurs alpins, eines der besten französischen Regimenter, fast völlig von den maßlos wütenden Bayern, die nur noch mit Stilett und Gewehrkolben gearbeitet haben, aufgerieben worden. Auch auf unserer Seite sind ganze Kompagnien verschwunden. Ich bin sozusagen nach der Mahlzeit hierher gekommen. Wir sowohl wie die Franzosen haben uns derartig raffiniert verschanzt und eingegraben, daß wir nicht mehr rückwärts, aber auch nicht *vorwärts* können. Wir halten hier nur die Wacht, um den Elsaß vor neuen Einfällen zu bewahren. Gewiß werden auch noch jetzt hier und da größere Patrouillen gemeldet, um die Wälder nach Versprengten abzusuchen, aber alles in allem haben wir hier doch Frieden im Krieg. Doch der Kriegsgott ist wetterwendisch, vielleicht kommen wir irgendwie bald vorwärts ...«

Laitre (Vogesen), 4. 12. 14.

In Moussey hat's mich nicht lange gelitten. Immer nur hinter dem Feind zu sein, seine Granaten und Schrapnells über dem Kopf zu hören, ohne an ihn ran zu können, im Felde zu stehen, ohne jemals einen Franzosen gesehen zu haben, ist auf die Dauer nerventötend. Ein seltsamer Zwischenfall hat mich aus dieser reizlosen Lage befreit. Wir saßen gerade Mittwoch beim Abendtisch, als die Regimentsordonnanz mit der Meldung eintrat, daß unsere jungen Husarenoffiziere, die hinter der Front in Ruhe und Wohlleben sich ergingen, schon am nächsten Morgen zur Front aufzubrechen hätten, um an die einzelnen Infanteriebrigaden, die auf den Vogesenkämmen in Schützengräben den französischen Stellungen gegenüber liegen, zugeteilt zu werden. Sofort bat ich einen der Herren, Leutnant Gropius, der sich im übrigen als Architekt einen hervorragenden Namen geschaffen hat, sich auch im Kriege äußerst tüchtig auf Patrouillenritten bewährt hat und ein sehr feinsinniger Mensch ist, mich als Ordonnanz mitzunehmen. Er ging sofort zum Rittmeister aufs Schloß und dieser erteilte mir freundlichst seine Erlaubnis. Die Sache hat mir, nebenbei gesagt, die Knöpfe eingebracht. In der Nacht packte ich also in Ruhe meine Sachen in die Packtaschen, und

Donnerstag früh begann der Aufbruch zur Front. Ich habe an diesem Tage prächtige, mir unvergeßliche Eindrücke gehabt. Die imposantesten Kriegsbilder sind an meinen Augen vorbeigezogen. Es war ein finsterer gewitterschwerer Tag. Ueber die Vogesenkämme ging der Ritt durch zerschossene Dorfschaften hindurch. An den Seiten überall verlassene französische Schützengräben, Granatlöcher, Waffenstücke. Stellenweise mußten wir absitzen, da die Chaussee von franz. Mitrailleusen beschossen wurde. Durch enge Hohlwege mußten wir unsere ängstlich zitternden Gäule führen. In ...... hatten wir uns beim Brigadekommandeur zu melden. Mein Lt. erhielt den Auftrag, zunächst nach Ch. zu reiten und dort bei Ausbruch der Dunkelheit in unsere Stellung hier oben hinaufzugehen. So ritten wir also nach Ch. weiter. Der Ort bot einen ebenso unheimlichen wie reizvollen Anblick. Er besteht eigentlich nur noch aus Löchern, die unsere und die französischen Granaten, lauter Volltreffer, in die Häuser dieser Aermsten geschossen haben. In Ch. mußten wir unsere Pferde zurücklassen. Damit habe ich aufgehört, Kavallerist zu sein. Nun bin ich Infanterist geworden, und — wie ich gleich verraten will — mit Leib und Seele. Als der Abend dunkelte, wurde ein Wagen angespannt, der uns und unser Gepäck in die Berge zur Stellung fahren sollte. Es war ein wundervoller Abend. Silberner Mondschein überspielte die Abhänge und Waldungen. Ab und zu fiel ein Schuß von den französischen Posten jenseits des Waldes, der wohl das Knarren der Wagenräder gehört hatte, zu uns herüber. Vor einem verfallenen Hause machte der Wagen halt und lud uns aus. Eine Ordonnanz empfing uns und führte uns durch geheimnisvolle Unterschlüpfe und überdeckte Wege hinauf nach L., zum Standquartier meines Bataillons. Hier empfing uns der Major, ein äußerst liebenswürdiger Bayer und behielt uns gleich zum Abendessen bei sich. Ganz besonderes Interesse wandte er mir zu, weil er Gefallen daran fand, daß ich mich als Kavallerist freiwillig zur Infanterie gemeldet hatte. Er nennt mich immer nur den »kleinen Doktor«, erkundigt sich fast täglich, ob mir meine Mutter auch schon geschrieben hat usw. Die Nacht brachte ich dann in einem der grandios hergestellten Unterstände zu, jenen unterirdischen Bretterhäusern, die gegen Wind und Wetter wie feindliches Feuer vollkommen geschützt sind.

Am nächsten Morgen meldete ich mich bei meinem Hauptmann Nagelsbacher. Laßt Euch sagen, daß dieser Mensch, dem ich erst zwei Tage lang in seine blauen Kinderaugen geschaut habe, der Inbegriff aller Mannestugenden ist. Auf einem hochgewachsenen Körper sitzt ihm ein edles vollendet schönes Gesicht, glattrasiert, stark an Matkowsky erinnernd. Das ist der Mann, von dem mir seine Bayern erzählten, daß er im ärgsten Kugelregen sich gemütlich seine Pfeife angezündet hat, der in grenzenloser Wut über die Rothosen hergefallen ist. Das ist aber auch der Mann mit dem Kinderherz, der es nicht über sich gewinnt, seinen Leuten die kleinste Bequemlichkeit zu verweigern. Mit hervorragender Intelligenz verbindet sich bei ihm eine feinsinnige Bildung. Die Stellung, die er hier oben hat anlegen lassen und die von eminentem strategischen Wert ist, weil wenn sie durchbrochen wird, die Franzosen wieder im Elsaß stehen, ist ein Meisterwerk. Sie besteht nicht etwa aus offenen Schützengräben, sondern aus überdeckten Erdwällen, lauter kleinen Sandhäusern, in denen immer zwei Mann Deckung haben. Alles habe ich besichtigt: die fast undurchdringlichen Stacheldrahtverhaue, Läutewerke usw.

Gleich am ersten Tage meines Hierseins bin ich mit auf Patrouille gewesen bis 10 m an den Feind heran. Nur eine kleine Waldlichtung trennte uns von der ersten französischen Schützenlinie. Das war ein Feuerregen! Ein Glück für alle deutschen Mütter, daß die Franzosen so gemein schlecht schießen. Seit den acht Wochen, wo die Bayern hier sind, ist von ihnen trotz des täglichen Schußwechsels nur ein Mann durch eigene Unvorsichtigkeit abgeschossen worden. Gestern hat die Blase mit Gebirgsartillerie in unsere Stellung hineingefunkt. Wir saßen gerade beim Kaffee, als der Spektakel losging. Was ist geschehen? Der Erdboden ist um einige Granatlöcher reicher geworden! Ein Vivat unserer deutschen Befestigungskunst!

Das Schießen gehört bei den Franzosen zum täglichen Leben. Während auf unserer Seite tagelang kein Schuß fällt, weil nur geschossen werden darf, wenn vom Feinde etwas zu sehen ist, funken die Kerle uns ununterbrochen in die Bude. Wir haben ausgerechnet, daß einer vom Walde her jeden Tag um die nämliche Nachmittagsstunde in die blaue Luft hineinpufft. Er ist von den Bayern allgemein der »Sepp vom Walde« geheißen.

Laitre, 11. 12. 14.

Nun bin ich erst wenige Tage hier oben bei den Bayern, und doch habe ich soviel erlebt und mitgemacht, wie ein alter Krieger. Schleichpatrouillen an den Feind, Beschießungen durch franz. Gebirgsartillerie, Nachtgefechte. Und alles gut und heil überstanden. Meine persönliche Stellung im Regiment ist eine fast *märchenhafte*. Während andere Kriegsfreiwillige sich wie jeder gemeiner Soldat abplagen müssen, behandelt man mich hier ganz unverdientermaßen chevaleresk. Wenn ich mich nicht von selbst zu diesem oder jenem Dienst erböte, man ließe mich von jeder Arbeit unbehelligt. Ich rangiere unter den jüngsten Offizieren in dem kleinen Kasino, das der Bataillonsstab unten im Dorfe gegründet hat und wo ein Regensburger Koch uns ausgezeichnet verpflegt. Man zollt mir für jedes kleinste Wagestück reiche Anerkennung, insbesondere mein Hauptmann, zu dem ich eine innige Zuneigung gefaßt habe, läßt keine Gelegenheit außer acht, mich dem inspizierenden Regiments- oder Brigadekommandeur vorzustellen.

Belval, 30. 12. 14.

Liebste, beste Eltern!

Vom Regimentskommandeur selbst zum Unteroffizier und Ritter des Eisernen Kreuzes für »vorbildliches, tapferes und schneidiges Verhalten« vorgeschlagen. Bin leicht verwundet und liege z. Zt. hinter der Front in B. Näheres folgt. Seid ohne Sorge.

Euer treuer Heinz.

Ein Brief von fremder Feder zeigt, wie stark der Eindruck war, den der junge Kriegsfreiwillige auf seine Vorgesetzten hinterließ und wie lebenswahr der Inhalt seiner Briefe ist. Wir lassen zum Beweis einen dieser Dokumente folgen:

A. 1. I. 1915.

Lieber Bettsak!

Ltn. Gropius, der heute hier war, erzählte uns wie ausgezeichnet Sie sich bewährt haben. Ich gratuliere Ihnen aufs Herzlichste. Schöner als alle Anerkennung — das Eiserne Kreuz wird ja sicher nicht ausbleiben — wird Sie ja das Bewußtsein glücklich machen, voll und ganz Ihre Pflicht getan zu haben. — Hoffentlich sind Sie bald wieder wohl auf. Ich würde mich freuen, bald wieder etwas von Ihnen zu hören und bin mit den besten Grüßen Ihr

Sillmann

Ltn. und Komp.-Führer.

Das war der Auftakt seines Kriegslebens.

Bei der Kavallerie ist ihm zu wenig los. Vermutlich wäre es ihm als überzeugtem Juden, der aus seiner Abstammung kein Hehl machte, hier schwer geworden, zum Offizier befördert zu werden. Sein Tatendrang drängt ihn weiter, er meldet sich freiwillig zur Infanterie und wird zu einem Infanterie-Regiment abkommandiert, wo er bereits im September 1915 Leutnant wird.

Auch hier ist er keiner von denen, welche ein geruhiges Herdenleben der Gefahr vorziehen.

Ein Dokument mag seine militärische Entwicklung beleuchten:

X. Reservekorps.

Qu., 16. Jan. 1916.

Tagesbefehl.

Zahlreiche Patrouillengänge der X. Landw.-Brigade führten zu erfolgreichen Erkundungen von feindlichen Postierungen und Verteidigungsanlagen.

Besonders wichtig und anerkennenswert waren die Beobachtungen des Hauptm. Zörner und des Ltn. d. Res. Bettsak, Res.-Inf.-Rgt. ..., denen es gelang, genauen Einblick in die franz. Vor- und Hauptstellung beiderseits der Straße La Chapelotte-Allencombe und am Westhang der Höhe 542 zu gewinnen.

Ich spreche allen in den Patrouillengängen beteiligten Offizieren, Unteroffizieren und Mannschaften meine Anerkennung aus.

von X

General d. Infanterie.

Im Oktober 1916 wurde endlich seinen *mehrfachen* Gesuchen um Versetzung zu den Fliegern stattgegeben. Seine Ausbildung als Flugzeugführer erhielt er in Hamburg und Hannover.

Lassen wir den ersten Briefen aus seinem Kriegsleben noch die letzten folgen. Wie als junger Kriegsfreiwilliger, so segelt er auch als Flieger tollkühn und unternehmungslustig in die feindliche Welt hinein.

Nichts gilt ihm die Gefahr, gern setzt er stündlich sein junges, hoffnungsreiches Leben ein.

Toulis, 2. 9. 1917.

... den ersten Feindflug habe ich nun auch, vom Gegner unbehelligt, erledigt. Ich startete gestern mit einem alten Beobachter zum Einschießen der Feldartillerie in unserem Abschnitt. Zu diesem Zweck werden am Abend vorher telefonisch die Ziele, auf welche die Batterien sich einschießen wollen, mitgeteilt. Mit mir startete eine andere Flugzeugbesatzung, die uns zu schützen, d. h. vor überraschenden Angriffen durch französische Kampfeinsitzer (spads) zu bewahren hat. Ich flog die mir ein für allemal zugeteilte Maschine, von neuerem Typ mit 200 PS, die allgemein an der Westfront in Gebrauch ist. In 150 m Höhe verschluckte sich der Motor infolge zu starker Benzinzufuhr; ich flog gleichwohl Laon an, mich in niedriger Höhe (etwa 1500 m) haltend. War der Himmel beim Start nur leicht bewölkt, so hatte sich bald alles zugezogen; wir flogen einer starken Wolkendecke, die bis 500 m herabreichte, entgegen. Ich entschloß mich, drüber zu gehen und hatte in 2500 m Höhe die Wolken unter mir. Dafür war weder von der Schutzmaschine, die über mir fliegen sollte, noch von der Erde etwas zu sehen. Nur ab und zu sah man durch Wolkenlöcher unsere Fesselballons, ein Zeichen, daß wir der Linie zuflogen. Auf einmal macht mein Beobachter im Spiegel 3 X, d. h.: über uns sind drei deutsche

Kampfflugzeuge, ein beruhigendes Gefühl. Wie ich einmal unter mich sehe, nehme ich eine dunkle Linie, vor und hinter der Loch an Loch liegt, wahr: die Front. Dann sieht man rechts einen Kanal, der durch ein Waldstück geht. Ich nehme Gas weg und lasse mir vom Beobachter erklären, ich erfahre, daß wir über Chemin des Dames sind, wo wir gar nichts zu suchen haben. Da wegen des dicken Nebels die Orientierung schlecht, ein Einschießen undenkbar war, winkt er mich zum Heimflug ein. Wir stoßen durch die Wolken, die Maschine wird von starken Böen erfaßt, und ich habe ordentlich zu arbeiten. Nach 1½ Stunden landen wir glatt im Heimathafen, ohne von der französischen Artillerie, die sonst sehr lebhaft schießt, oder dem Gegner erkannt worden zu sein. Bald darauf erschien auch die Schutzmaschine, die sich ebenfalls »verfranzt« hatte.

7. 9. 17.

... gestern morgen um 5^{30}, besser gestern Nacht, habe ich einen famosen Infanterieflug mitgemacht. Ich hatte ein anderes Flugzeug der Abteilung bei einem Patrouillenunternehmen der Infanterie zu schützen (bei Vauxaillon, im franz. Bericht vom 6. als gescheitert erwähnt; stimmt nicht ganz). Wir starteten in die Nacht hinein, schraubten uns nur wenig hoch. Mittels einer elektrischen Taschenlampe konnte ich nur die Höhe vom Höhenmesser ablesen. Schon in 100 m sah man in kurzen Abständen von einander Gaslaternen, so schien es, in der Luft. Das waren die mit Fallschirmen versehenen französischen Leuchtraketen. Die Front erscheint von oben als eine lange erleuchtete Straße. Dann flogen wir ran, etwa 1000 m hoch, die Maschine stark gedrückt und dabei mit großer Fahrt. Es war ein herrliches Flammenschauspiel. Man sah die feuernden Batterien, auch französischerseits die Einschläge der Geschosse und Minenwerfer. In stetigen Kurven, um nicht von der Erde aus durch die besonderen Abwehrmaschinengewehre getroffen zu werden, sausten wir über die Front. Obwohl wir bis auf 400 und 700 m herunter gingen, blieben wir durch starke Nebelschwaden dem Feinde verdeckt. Durch Blinksignale wurden wir von der Infanterie aus über den Ausgang des Unternehmens, das einige Gefangene einbrachte, verständigt. Wir selbst funkten an die Divisionen das Ergebnis weiter, außerdem hatten wir die ganze Gefechtslage zu überwachen, z. B. gegebenenfalls Sperrfeuer anzufordern und auf feindliche Batterien zu achten. Es war riesig eindrucksvoll. Um 7 Uhr waren wir wieder wohlbehalten im Hafen. Es ist dies mein vierter Feindflug. Im übrigen ist der Himmel stark bewölkt, und das bedeutet tödliche Langeweile. Tagelang beschäftigungslos zu sein, ist im Kriege wirklich entnervend.

Bei Laon, 8. 9. 17.

... Ich habe bis jetzt fünf Feindflüge, darunter einen sehr brenzligen. Wir hatten uns zu Joffre im Nebel verfranzt und wurden eklig unter Flaks genommen. Die Granaten dröhnten einem nur so um die Ohren, und die Schrapnells pfiffen. Durch einige Sturzflüge und Spiralen entwanden wir uns und kamen schweißbedeckt zu Hause an. Vorgestern habe ich einen herrlichen Nachtflug mitgemacht. Ich schützte ein anderes Flugzeug der Abteilung, das einem Patrouillenunternehmen der Infanterie zur Verbindung und Ueberwachung mitgegeben war. Du kannst Dir die Schönheit des Flammenspiels der feuernden Batterien und Minenwerfer, der Leuchtkugeln usw. von oben nicht vorstellen. Wir flogen bis 400 m in rasender Fahrt über die Gräben weg, ohne im Morgennebel von M.G.'s oder Fl. beschossen zu werden. Unsere Gegner, die franz. Spads, sind glücklicherweise ziemlich lausig. Wenn ihnen der erste Stoß nicht glückt, hauen sie wieder ab.

Drei Tage später, am 11. September 1917 erlitt Bettsak bei der Rückkehr von einem Erkundungsflug vor Laon einen tödlichen Absturz. Am 23. September fand seine Beisetzung auf dem jüdischen Friedhof der Berliner Gemeinde in Weißensee unter militärischen Ehren statt, zu welcher Feier Kameraden seiner Fliegerabteilung aus dem Felde erschienen, um ihm das letzte Geleite zu geben.

Ueber den Tod hinaus fanden seine Kameraden und Vorgesetzten noch Worte, die das Bild dieses schlichten, aber äußerst tapferen und wagemutigen Soldaten ins rechte Licht rücken; und so heißt es in dem Lebewohl, das ihm seine Bekannten zurufen in den Briefen, die die Eltern erhielten:

... als damaliger Ordonnanzoffizier beim Stabe des Res.-Inf.-Rgt. ... lernte ich Ihren Sohn als einen tapferen, wagemutigen, uns allen einen lieben Kameraden gewordenen Offizier kennen, dem wir alle ein treues Andenken bewahren werden.

Dr. Julian Reis.

... genau so wie wenn unser Heinz noch heute mit mir plaudert. Menschen, die so ausgeprägte Persönlichkeiten waren und mit denen man so gut Kamerad war, können einem nie ganz genommen werden.

Fliegeroblt n. Hans Bergner.

... ich lernte Ihren Sohn in Hannover auf der Flieger-Ers.-Abtlg. kennen und machte mit ihm zusammen, kurz vor Ostern, jenen so glänzend verlaufenen Ueberlandflug von Hannover über den Harz und Berlin nach Hannover zurück, bei welcher Gelegenheit er Sie ja auch besuchte. Schon vorher, aber besonders bei diesem Fluge, bei dem wir ja vollständig aufeinander angewiesen waren, lernte ich Kamerad Bettsak schätzen, so daß gerade dieser

Flug zu meinen schönsten Erinnerungen gehört. Stets lustig und fidel sorgte er dafür, daß alle sich wohlfühlten.

Fliegerleutnant Ernst Reinholdt.

... wenn Ihr Sohn auch nur kurze Zeit der Abteilung angehören durfte, so hat er doch durch Pflichttreue und entschlossenes Einsetzen seiner Person sich die Achtung und Anerkennung seiner Vorgesetzten, durch sein liebenswürdiges Wesen die Zuneigung seiner Kameraden erworben. Die Abteilung wird sein Andenken in hohen Ehren halten.

Vielleicht lindert es Ihren Schmerz etwas, zu hören, daß Ihr Sohn in treuer Pflichterfüllung für Kaiser und Reich vor dem Feinde gefallen ist und daß sein Ende kurz und schmerzlos war.

von Wehrmann,

Hauptmann und Abteilungs-Führer.

Perikles sagte im Jahre 439 v. Chr. in seiner Leichenrede für die jungen Männer, die im Kriege gegen Samos fielen: »Dem Jahre ist der Frühling geraubt worden«. Auch den jüdischen Familien Deutschlands sind viele Hoffnungen genommen. *Die Tatsächlichkeit jüdischen Heldenmutes* — auch im Dienste der Fliegerwaffe — *bestreiten zu wollen, heißt ihr Andenken und ihr Grab besudeln.* Und wenn in der Geschichte dieses Krieges, die doch nur auf die Berichte der deutschen Heeresleitung zurückgreifen wird, einmal die Frage darnach gestellt wird, welche von den deutschen Stämmen in dem furchtbaren Ringen sich hervortaten, dann wird man mit Recht auf die Meldungen hinweisen, in denen es heißt, daß alle Stämme gleichmäßig Gut und Blut fürs Vaterland geopfert haben. Oftmals greift der Heeresbericht die vorzügliche Haltung einzelner Teile heraus, unterstreicht ihren Anteil und schreibt so die Geschichte der einzelnen Stämme. Wie aber während des langen Kampfes Vermischungen eingetreten sind, daß in rheinischen Regimentern Märker, Friesen und Ostpreußen ein erhebliches Kontingent darstellten, wie letzten Endes kein Chronist restlos die geleistete Arbeit auf die einzelnen Teile zurückführen kann, so kann auch die Bedeutung der jüdischen Beihilfe nicht herausgeschält werden. Schulter an Schulter haben sie mitgekämpft und die Taten ungezählter werden vergessen und namenlos bleiben. Die Erinnerung an einzelne aber soll festgehalten werden. Wie die Geschichte der drei Ringe bei Lessing sich dagegen auflehnt, daß sich eine Gemeinschaft überhebt, allein im Besitz der Wahrheit zu sein, so sind auch die Bilder einzelner jüdischer Kameraden Zeichen dafür, daß auch in deren Reihen Mannesmut und Hingabe für das große Ganze bestanden hat.

Man kann zum Kriege jedwede Stellung einnehmen: die Tatsache, daß junge Juden als moderne Dädalus und Ikarus ihre eigenen Kreise ziehen wollen, daß sie in sich den Trieb zu Höherem und Weiterem verspüren — das beweist die Trefflichkeit und Lebensfähigkeit einer Rasse, die sich im Kampf ums Dasein durch Jahrtausende erhielt. —

Erschüttert lesen wir den Schwanengesang unseres Dichters Hugo Zuckermann, des Verfassers des bekannten österreichischen Reiterliedes, der nach schwerer Verwundung auf seinem Totenbette seine Makkabäergedanken in die wunderbaren Worte kleidete:

»Heute darf ich den Genossen

Makkabäerlieder singen,

Weil ich selbst ein Schwert getragen

Und mein rotes Blut vergossen ...«

Und noch ein anderer jüdischer Dichter hat in seinem Nachlaß ein Bild zurückgelassen, das ergreifend schlicht alles das in wenige Worte zusammenfaßt. Es ist das Bild des jungen 20jährigen Ludwig Franz *Meyer*, Sohn eines Sanitätsrats aus Gnesen, der um dieselbe Zeit im Frühjahr 1915, wie der ältere Walter Heymann und Hugo Zuckermann, vor Sochaczew tödlich verwundet wird und wenige Tage später stirbt. Aber sein Bild lebt und klingt wie die Synthese weichherzigen Judenschmerzes und kraftvollen Judenstolzes:

»Ich weinte lange, eh' ich Lieder sang.

Dann aber legten sich die weißen Tränen,

Und über mich kam kraftbeschwingtes Sehnen,

Und gab mir weicher Worte schönen Klang,

Ich weinte lange, eh ich Lieder sang ....

Doch nicht zu singen nur bin ich auf Erden,

Nicht um zu singen weckt ich meine Brüder —

Das ist mein Ziel, daß alle meine Lieder

Zu großen kraftbeschwingten Taten werden.

Denn nicht zu singen nur bin ich auf Erden ...«